Temas de CASAL

Solange Maria Rosset

Temas de
CASAL

Temas de casal
1ª Edição, 2017 - 1ª Reimpressão, 2020.
Copyright © 2020 Artesã Editora

É proibida a reprodução total ou parcial desta publicação,
para qualquer finalidade, sem autorização por escrito dos editores.
Todos os direitos desta edição são reservados à Artesã Editora.

COORDENAÇÃO EDITORIAL
Karol Oliveira

DIREÇÃO DE ARTE
Tiago Rabello

REVISÃO
Maggy de Matos

CAPA
Kamila Moreno

PROJETO GRÁFICO E DIAGRAMAÇÃO
Conrado Esteves

R829   Rosset, Solange Maria.
            Temas de casal / Solange Maria Rosset . – Belo Horizonte :
       Ed. Artesã, 2020.
            148 p. ; 21 cm.
            ISBN: 978-85-88009-69-1

            1. Psicoterapia familiar. 2. Psicoterapia conjugal. 3. Relações
       humanas. 4. Casais. 5. Pensamento sistêmico. I. Título.

                                                          CDU 159.964

Catalogação: Aline M. Sima CRB-6/2645

IMPRESSO NO BRASIL
Printed in Brazil

ARTESÃ EDITORA LTDA.
Site: www.artesaeditora.com.br
E-mail: contato@artesaeditora.com.br
Belo Horizonte/MG

SUMÁRIO

7 Apresentação

9 Introdução

TEMAS DE CASAL

13 Amor e paixão
16 Busca de príncipes encantados
19 Família de origem e casal
22 Etapas e tarefas no relacionamento de casal
25 Melhorando a convivência
28 Comunicação amorosa
31 Relações amorosas podem curar
34 "Maternagem" na relação de casal
37 Casal atento às lições do dia a dia
40 O humor na relação de casal
44 Casal funcional constrói família funcional
47 Renovando a relação no ano novo
50 Relação amorosa madura
53 Flexibilidade e harmonia
56 Reações às escolhas do casal
59 Casais e novas configurações familiares
62 Casais que trabalham juntos
65 Pais que não deixam de ser casal
68 Relação de casal e dinheiro

- 71 Planos para uma nova etapa
- 74 Por trás dos "50 tons"
- 77 Mudanças pessoais na relação de casal
- 80 Ciclos e crises no relacionamento
- 83 Relação de casal e expectativas
- 85 TPM e relação de casal
- 88 Sentimentos que afetam a união
- 91 Só amor não basta
- 94 Assédio e distanciamento
- 97 Queixas e desejo de reconhecimento
- 99 Solidão na relação de casal
- 102 Brigas no casal
- 105 Ciúme na relação de casal
- 108 Dificuldades sexuais
- 111 Para enfrentar a infidelidade
- 114 Respeitar o luto pelo rompimento
- 117 A Volta, após separação
- 120 Voltar a ser casal
- 123 Presença dos pais na vida dos filhos casados
- 126 Casal na fase do "ninho vazio"
- 130 Mudanças e casal
- 135 Tempo e relação de casal
- 138 Compreensão relacional sistêmica dos casais
- 141 Relações de casal

- 143 **Finalizando**

APRESENTAÇÃO

Desde que comecei a escrever sobre o meu trabalho, desenvolvi muitos textos sobre casais e relacionamento. Tenho recebido depoimentos de como, de uma forma ou outra, eles foram úteis; foram usados por casais que se beneficiaram, pois trouxeram novos elementos para sua relação, e também para terapeutas, que os usaram como novos argumentos para as sessões de terapia de casal e outros trabalhos conjugais.

Com o passar do tempo, muitos dos textos se perderam nas revistas antigas ou nos livros esgotados. Recebi muitos pedidos para reeditá-los.

Então, tive a ideia de ajuntá-los num livro. Revisei, atualizei, acrescentei novas concepções e virou um produto novo.

E aqui está para ser usado, aproveitado, e recriado pelos casais, indivíduos e terapeutas.

É um livro sobre casais e para casais. Mas também para terapeutas – de casal ou individuais.

Curitiba, 2 de janeiro de 2016

INTRODUÇÃO

Sobre casais

Trabalhar com casais é, de alguma forma, trabalhar para levar mudanças para o mundo. Por mais piegas que pareça essa afirmação, ela é real, pois se o casal melhora a qualidade da sua relação, toma consciência do seu funcionamento e aprende a viver de uma forma mais funcional. Levará essas mudanças para as pessoas diretamente envolvidas com eles, principalmente à família e aos filhos. Desta forma, redefinem a família e, os filhos, ao formarem um casal, levarão essa nova forma de relação para seus relacionamentos e assim serão novos modelos e farão diferença, no mundo em que vivem.

Existem muitas explicações, para o motivo das pessoas buscarem ser casal e viver juntos, mas, na minha compreensão, as pessoas se tornam casal, para se aprimorarem. Mesmo havendo muitas outras coisas na relação – prazer, paixão, realização – o foco funcional das relações de casal é fazer bom uso das características desse relacionamento, para aprender e crescer.

É na relação de casal que aparece o melhor e o pior de uma pessoa. Isso acontece:

- pelo fato de que esta é a relação mais íntima que existe,
- pelas emoções fortes que são desencadeadas,

- pelo amor e vulnerabilidade que encerra, e, ainda
- outras razões peculiares a cada casal.

É por entender desta forma, que digo, que, se alguém quer realmente mudar, deve perguntar aos seus parceiros em que pensam, que deveria mudar ou aprender. E, realmente, levar em conta sua opinião e o que o outro enxerga, mesmo descontando as mágoas ou ressentimentos.

Ter um boa relação de casal – além de fazer bem à saúde – é uma delícia! Se saber compreendido, ter um ombro onde descansar, ter um braço para se apoiar, fazem total diferença na vida de uma pessoa.

Sobre os temas do livro

O universo relacional dos casais é muito amplo e é influenciado pela cultura em que vivem, pelas condições recebidas das famílias de origem, e pelos acertos que fazem. No entanto, existem temas que são comuns a praticamente todos eles.

Procurei selecionar os temas, de forma a abranger vários ângulos do relacionamento de casal e possibilitar uma leitura, que ajude às pessoas a prevenirem dificuldades mais sérias, no casal e nas famílias.

Temas de
CASAL

AMOR E PAIXÃO

Paixão e amor são sentimentos, que os humanos sonham em viver. Paixão é fogo, irrealidade; já o amor é mais tranquilo e racional. Por isso, o primeiro sentimento, em geral, não dura muito. Basta um pouco de realidade do dia a dia, e lá vão os parceiros cada um para seu lado. Por outro lado, sorte dos que percebem os riscos e procuram logo construir um amor, que resista mais, aos mares agitados das uniões.

Ouvi recentemente de uma mulher, que ela se sentia privilegiada por ter se apaixonado, uma vez. Sentia-se mais privilegiada ainda, porque foi apenas uma vez! Este e outros depoimentos são de pessoas que passaram pelo encantamento e também pelo sofrimento da paixão. Sobreviveram e são capazes de falar sobre o assunto com distanciamento. Quem está mergulhado nesse torvelinho de emoções não enxerga com tanto discernimento.

Ao pensar e pesquisar a respeito do tema, cheguei a algumas constatações.

O tempo da paixão varia de uma pessoa para outra. Depende de muitos fatores, mas posso afirmar, que dura mais nas relações em que os parceiros se esforçam, para mostrar apenas o que agrada ao outro. Alguns casais conseguem levar isso, por longo tempo. Mas é necessário esforço – consciente ou não, intencional ou não –, para manter a realidade fora da relação.

A intensidade da paixão depende do funcionamento dos parceiros, porém depende muito mais de qual foi o motivo da atração inicial. Se o que atraiu, ao primeiro olhar ou contato, foi algo que é vital para os valores e o momento da pessoa, e foi fortemente impregnado de emoção e sensações, vai dar maior intensidade à paixão que viverão.

Uma mulher, ao encontrar o homem, que acabou sendo seu marido, por vários anos, ficou encantada com a calma e a segurança que ele demonstrava. Ela saía de uma união que, à semelhança das anteriores, era repleta de problemas, traições e brigas. Então, apaixonou-se.

A possibilidade de se apaixonar depende, também, da condição que a pessoa tem de correr riscos e entregar-se à experiência. Já a ausência de paixão, na vida de uma pessoa, sinaliza seu nível de controle, seu funcionamento racional e sua independência. Por outro lado, o excesso de facilidade para se apaixonar mostra uma fantasia, uma crença de que a sua segurança vem de fora, de alguém. Pessoas que têm dificuldade de aprender com as suas experiências, correm o risco de estar sempre apaixonadas por alguém.

É inevitável que a paixão desapareça, pois o tempo, as mudanças e a realidade são poderosos fatores de transformação.

Uma esposa dizia que, quando o deslumbramento causado pelo coquetel de hormônios diminuiu, depois de mais ou menos um ano, e ela pôde ver o companheiro como ele era realmente; alguns detalhes que, inicialmente, lhe pareciam encantadores passaram a ser irritantes. Antes, achava engraçado ele não conseguir encontrar nada na geladeira, mas, agora tinha vontade de gritar. E ele, que adorava ouvir tudo que ela dizia, agora se cansa com a falação e gostaria de poder "desligá-la".

Em alguns casos, quando a paixão acaba, o relacionamento não tem energia ou força para continuar. Não sobram motivos para isso. E o casal se desliga.

Mas a paixão também pode transformar-se. Em Amor. A passagem para o amor envolve o desenvolvimento de muitos aspectos. Algumas pessoas têm mais facilidades, outras menos. Vai depender da forma como cada uma lida com a realidade, as frustrações e as diferenças.

O amor não tem uma definição única. Cada pessoa vai defini-lo, de acordo com o ângulo ou as questões, que são importantes para ela. De modo geral, todas as definições apontam para o prazer, ou a facilidade, ou a importância de estar junto à pessoa amada. O que desencadeia o prazer, a facilidade ou a importância, mudam de pessoa para pessoa, dependendo do que é significativo para ela.

O casal que aprende a usufruir o que o outro e a relação têm de bom e de útil, e, ao mesmo tempo, é capaz de neutralizar o que o outro e a relação possuem de ruim, superando as dificuldades que surgem no dia a dia, tem mais condições de ir navegando pelas mudanças da paixão, do amor, das afinidades e das diferenças.

E, feliz é o casal que descobre o amor, antes que a paixão acabe!

BUSCA DE PRÍNCIPES ENCANTADOS

Muitas pessoas ainda sonham em relacionar-se com príncipes e princesas encantadas. Essa busca mudou de aparência, mas ainda é um dos focos, que direcionam homens e mulheres nos relacionamentos afetivos. As características desejadas mudaram, com a passagem do tempo, e se adequaram ao mundo rápido e globalizado, mas a base do comportamento continua a mesma: relacionar-se com alguém que seja perfeito, completo e estável, e que, desta forma, só traga felicidade e supra todas as necessidades.

Essa busca pelo par perfeito pode ter alguns ângulos positivos, como perceber seus próprios desejos, suas necessidades, e poder, assim, fazer suas escolhas.

No entanto, manter-se nessa busca da pessoa idealizada, na maioria dos casos, atrapalha o aprofundamento da relação. Na fase da paixão, pode até parecer que encontraram mesmo. Mas, como na vivência diária é bem diferente, logo se desiludem, deixam o parceiro e partem, de novo, em busca de alguém ideal. Eles reproduzem o erro, indefinidamente e têm dificuldade em viver uma relação por inteiro.

Num relacionamento, não se vê o outro com clareza. Cada um dos parceiros vê o outro, através do filtro dos próprios desejos e necessidades insatisfeitas. Os dois esperam que o outro o complete, ame e cuide. Ao perceber que isso não vai acontecer, de acordo com a expectativa, podem procurar outro parceiro e continuar repetindo o ciclo, interminavelmente, ou, ao enxergar a realidade, confrontar-se com ela, e estabelecer um novo contrato consigo mesmo e com o parceiro. Para isto, é necessário desaprender a maior parte das fantasias e desejos infantis sobre relacionamento e ir mudando, conforme as mudanças acontecem e enxergando quem realmente o outro é.

Ser feliz para sempre é o final que todos sonham, para sua história pessoal. Apesar de ninguém saber direito o que é felicidade, sabe-se que não é sinônimo de acomodação. Acomodar-se é a mesma coisa, que fazer uma longa viagem no piloto automático ou deixar os controles do carro, que está dirigindo, na mão de outra pessoa. Realizar sonhos é trabalhoso, e é difícil conseguir o que se quer. Essa tarefa se torna menos difícil, quando se foca nos sentimentos pessoais e nas mudanças internas, que são necessárias.

Ficar preso na desilusão, porque o outro não é o príncipe/princesa encantada, certamente, fará com que a vida em comum se transforme num livro de "contas correntes", onde se registrará todos os itens, que estão em débito. E que servirão de provas, instrumentos e armas para cada um dos embates, que acontecerão em cada nova frustração. Esse comportamento pode, também, criar um padrão de competição entre os parceiros, onde o esforço de cada um se concentra em provar, que o outro é pior e que lhe faz mais infeliz. O foco deixa de ser *como posso fazer o outro feliz, como posso me aproximar do que o outro deseja*, e se transforma em um jogo de dar menos do que o outro quer, fazer menos do que o outro necessita. E os dois ficam presos, nessa roda da infelicidade e frustração.

Enxergar a situação real significa, também, se adaptar às suas próprias mudanças e às mudanças do outro. E rever as escolhas. E, assim, abrir as possibilidades de recasarem. Poderem casar, muitas vezes, com a mesma pessoa com que já casaram, é confirmar, que estão enxergando que são pessoas, que mudam com o tempo e com os eventos, e que, a cada etapa, é necessário haver uma nova escolha do outro, para ser seu companheiro. E, que a renovação da escolha é para um novo trecho da vida. Essa escolha implica em novo contrato, em novas aprendizagens. E, também em novas descobertas e novos prazeres.

Para todas essas mudanças e propostas existe um ingrediente que é indispensável: a receptividade. Estar disponível e aberto, para receber o outro como ele é, para enxergar o que o outro deseja e o que o faz feliz. Isto muda a direção das preocupações. E se os dois praticam essa mudança, a qualidade da relação rapidamente melhorará.

FAMÍLIA DE ORIGEM E CASAL

Pais, irmãos e outros parentes não desaparecem da vida das pessoas, no momento em que elas se casam. Por isso, a dupla, que resolve viver junto, precisa decidir como quer que seja o seu relacionamento e o do parceiro, com as duas famílias das quais vieram. Isso deve ser discutido abertamente, de forma a evitar complicações, algumas vezes irreversíveis para a relação.

Quando duas pessoas se casam, estão entusiasmadas com as coisas boas que têm em comum, com os projetos, com o prazer de começar uma vida juntos. Raros são os casais, que, nessa hora, conseguem pensar em outros ângulos da relação e conversar, por exemplo, sobre suas famílias de origem e os problemas que podem surgir na relação entre elas. Porém, essa conversa é muito importante para o bem-estar da relação.

Mesmo conscientes de possíveis dificuldades em sua própria família ou na do outro, muitos tendem a acreditar que, depois do casamento, tudo se resolverá, naturalmente. Ou, o que é pior, esperam que o outro mude de atitude, que passe a agir com relação às duas famílias, da forma que acreditam ser a melhor.

As diferenças entre as famílias de origem, tanto podem ajudar a enriquecer a união e abrir novas possibilidades na forma de organizar a vida do casal, quanto desencadear uma guerra, na qual cada um defende a sua família e critica a do outro. Por isso, o casal precisa olhar com calma, para as dificuldades, que cada um tem com a sua família e com a do outro e discutir sobre as expectativas de ambos, em relação ao comportamento do parceiro nesses relacionamentos. É necessário, que façam contratos claros, nos quais talvez um precise abrir mão de prerrogativas pessoais, para colaborar na definição de uma forma tranquila para o casal se relacionar com pais, irmãos e outros parentes. Algumas posturas podem ajudar na condução dessa situação:

- *Cada um pode falar mal da própria família, mas não da do outro.* Quando alguém se queixa da sua família, está procurando compartilhar sentimentos, ser cuidado na sua dor, receber colo, compreensão. Se o parceiro aproveita a deixa, e aponta os erros da família do outro, perde a chance de ser um bom companheiro, e força o cônjuge a voltar a fazer parte daquela família, protegendo, defendendo, explicando. A relação passa a ser de opostos e não de parceiros, que se fortalecem nas dificuldades.

- *Um não deve usar questões, que o outro compartilhou, para afastá-lo da família dele.* O bom parceiro não aproveita os desabafos do outro, nas horas de brigas, utilizando-os como argumentos, para jogá-lo contra a própria família.

- *Um não deve usar os segredos do outro ou a semelhança com sua família, contra ele.* Certas informações são muito delicadas e não podem se transformar em armas, para fazer valer sua vontade. Isso deteriora a intimidade e a chance de formação de uma nova família, com novas pautas relacionais, criadas a partir do que se gosta e do que não se gosta, nas famílias de origem.

- É preciso ter paciência, respeito, compreensão e compaixão. Estes são sentimentos/posturas que, se treinados, transformam as relações familiares num espaço de crescimento. Treiná-los com a própria família é tarefa difícil, mas muito importante; treiná-los com a família do cônjuge, é mais difícil ainda, mas é também uma forma de fazer a vida em comum valer a pena!

Se os parceiros souberem dessas possibilidades e tomarem esses cuidados, poderão prevenir dificuldades com a família da qual vieram e com a que estão construindo.

ETAPAS E TAREFAS NO RELACIONAMENTO DE CASAL

No passado, as etapas de um relacionamento de casal eram muito bem definidas e precisavam ser cumpridas. Todos passavam pelo flerte ou paquera, pelo "namorico", pelo namoro sério e pelo noivado, para, enfim, chegar ao casamento.

Os casais, que pulavam fases ou passavam por elas muito rapidamente, sofriam o preconceito, a rejeição ou, na melhor das hipóteses, a crítica por parte da família ou da sociedade.

Aos poucos, nas últimas décadas, as etapas relacionais sofreram mudanças – resultado de transformações na sociedade e nas famílias, mas também, do desejo das pessoas de se sentirem mais livres, para agir "do seu próprio jeito".

Hoje já não é tão comum, que um casal passe pelas fases de paquera, namoro e noivado, antes de partir para o casamento. E, isso cria dificuldades.

O relacionamento deve ser construído devagar, pelas pessoas que acreditam se amar. Elas precisam se aproximar, se conhecer e se adaptar uma à outra. Só, então, estarão prontas, para enfrentar as crises de todo relacionamento mais estável.

As fases de avaliação e aprendizagem do relacionamento, consideradas rígidas e antiquadas, foram deixadas de lado. Como terapeuta, que acompanha casais em processos preventivos ou curativos, constato, que elas fazem falta.

Certas dificuldades enfrentadas pelos casais poderiam ter sido evitadas ou minoradas, se aquelas etapas relacionais tivessem sido vividas.

O importante não são os nomes das fases, nem a rigidez ou a duração delas, mas sim, saber da necessidade e das tarefas de cada uma delas.

O flerte ou paquera é o momento de mapear, à distância, quem é o outro e o que tem que lhe agrada. É a fase de fantasiar, como seria estar juntos, que prazeres e que dificuldades poderiam ter juntos.

Depois, no "namorico", o casal pode checar, se as fantasias da paquera fazem sentido e avaliar o quanto é bom, **de fato**, estar na companhia do outro. Também pode avaliar, se as diferenças, entre o que foi imaginado e a realidade experimentada, são possíveis de serem suportadas. É neste momento, que um começa a aprender o jeito do outro e a se adaptar a ele. Se isso for possível, e não excessivamente doloroso, passa-se ao namoro, ou namoro sério, como dizem alguns.

Na fase do namoro, então, é a hora de avaliar o jeito do outro e o seu próprio, frente a questões básicas e importantes de um relacionamento estável e comprometido:

- gostos,
- manias,
- projetos de vida,
- dificuldades,
- diferenças de jeito de agir e de valores,
- formas de lidar com o tempo, com o dinheiro, com as responsabilidades, o espaço,
- a importância que têm os filhos na vida de cada um,
- as crenças,

- a fidelidade,
- a forma como se relaciona com sua família e com a família do outro.

Feita essa avaliação, se concluírem que querem realmente ficar juntos, o casal passa ao noivado, que é momento de fazer projetos conjuntos, definir contratos, questionar, flexibilizar e estabelecer modos de enfrentar aspectos da vida em comum.

Tudo bem pensado e resolvido, chega a hora do casamento. Os dois estarão prontos, afinal, para definir como será sua vida relacional – diferente da vida da família de cada um deles, porque foi construída, etapa por etapa, por eles mesmos. Terão uma base relacional sólida, que correrá menos riscos nos futuros e inevitáveis momentos de crise e nos acontecimentos inusitados, que podem surgir na vida de qualquer casal.

O importante é a compreensão, que o relacionamento amoroso estável é o resultado de um **processo de construção,** que deve ser levado a cabo pelas duas pessoas, que se amam, em conjunto, e que só se concretiza de forma funcional e saudável, se passar pelos momentos de aproximação, avaliação e escolha, que permitem ir ajustando – aos poucos, e até que fiquem firmes – os laços que as unem.

MELHORANDO A CONVIVÊNCIA

Estamos tão acostumados a lidar com as dificuldades inerentes às relações, que, muitas vezes, não percebemos o lado bom de viver com alguém. Por isso, àqueles que só sabem lamentar o que falta em seu relacionamento, costumo contar uma historinha simplória, que serve como metáfora.

- Imagine que uma pessoa vai à loja de mudas, escolhe, escolhe e compra uma muda de pimentão. Depois, volta para casa, planta o vegetal e espera, até que surjam os primeiros frutos. E, fica muito frustrada, porque o que nasceu foram pimentões verdes, e não tomates vermelhos, como gostaria. Como isso não acontece, passa a maldizer o pobre vegetal. Depois de muito sofrer, consulta um especialista. Este lhe ensina a adubar, podar, fazer enxertos e regar a planta. Diz, ainda, que ela precisará sempre de cuidados e atenção e que, se isso lhe for dado, poderá, sim, produzir muitos pimentões, até mesmo pimentões vermelhos, dependendo do que for enxertado, mas tomates, jamais. Tomates não têm como nascer daquela planta e é preciso que o seu cultivador se conforme com essa realidade.

Assim, também, devem ser encaradas as partes envolvidas numa relação amorosa: são como plantas, que podem dar frutos vistosos, se bem cuidadas, e para os quais, cada parceiro precisa ter a disposição de experimentar, gostar, aproveitar, ainda que não sejam exatamente como foram imaginados.

A verdade é que, na intimidade, não há como manter máscaras. Elas caem rapidamente, deixando à mostra o que temos de pior e também de melhor. Precisamos, pois, aprender a encarar as dificuldades que surgem na interação com o outro e desenvolver a sensibilidade, para apreciar características novas e interessantes dele que, no contato diário, vêm à tona.

Na convivência do dia a dia, é, praticamente, impossível aos parceiros esconder sua forma de ser e de reagir. Características boas e ruins acabam aflorando e é importante, que os dois participantes da relação estejam dispostos a encará-las, com generosidade e compreensão. Deixar de lado as idealizações e treinar novas possibilidades são atitudes muito importantes, para quem quer dividir a vida com alguém. Esse exercício tende a elevar a relação a um nível mais alto de qualidade.

O bom-humor de uma das partes do casal pode, por exemplo, ser muito bem-vindo se, em lugar de irritar a outra parte, puder ser encarado como algo que traz leveza à relação. Muita gente só vai perceber isso, depois da separação.

Quem está disposto a usufruir, realmente, de uma relação, também precisa compreender as expectativas do companheiro. Só para ilustrar: todos nós temos uma lista de atitudes, que consideramos como provas de amor e adoramos, quando nosso parceiro ou parceira as toma! Mas, será que sabemos o que ele ou ela acredita, que seja uma prova de amor? Qual é a lista de atitudes que está esperando de nós? Na maioria das vezes, em que pergunto isso aos casais, eles não sabem responder. Alguns, até pensam saber; porém, no momento de checar com o outro, ficam espantados, por se descobrirem muito longe da realidade. Isso é uma pena, pois, quando compreendemos o que vale como um sinal de amor para o nosso parceiro, abrem-se muitas possibilidades de comportamentos dos quais podemos lançar mão, se realmente queremos demonstrar o quanto o amamos.

Por fim, precisamos desenvolver a capacidade de perdoar, o que não é nada fácil. Para consegui-lo, antes de tudo, temos de passar por cima das idealizações, que temos em relação ao parceiro. Elas nos levam a esperar comportamentos, que ele ou ela não tem condições de assumir, o que desencadeia mágoas e tristezas. Nesse campo minado, fica difícil o treino do perdão. Tal treino pressupõe a paciência de esperar passar um tempo, toda vez que forem abertas feridas, causadas por conversas, ações ou omissões. Enquanto esperamos a raiva passar e a cicatriz se formar, vamos assimilando e admitindo as imperfeições do outro.

Algumas vezes, a simples disposição de oferecer um abraço, um colo, em lugar de questionar e cobrar, não só nos leva a superar uma crise, mas também a aprender com ela. Aprende-se a convivência.

O afeto é um aliado nesse processo e deve ser usado. Associado ao perdão e à disponibilidade de ver de verdade o outro, ele nos leva a usufruir melhor da delícia de ter alguém com quem dividir as alegrias do cotidiano e aplacar as ansiedades da vida.

COMUNICAÇÃO AMOROSA

A alma do relacionamento de um casal se encontra na comunicação. Mas, é importante entender, que tudo tem valor de comunicação. Tanto a conversa como o contato físico e sexual. No entanto, é muito importante exercitar e ampliar a comunicação verbal – relatos sobre fatos diários, sentimentos, confidências, lembranças, emoções.

No casal, saber comunicar-se, significa dizer o que precisa ser dito e sentir que foi compreendido. Isto muda a qualidade da relação. Para tanto, é indispensável, que ambos se ouçam com boa intenção, paciência e amorosidade.

Fala-se tanto nisso e, no entanto, existe o risco de não sabermos como deve ser a comunicação ideal, dentro da relação conjugal, embora intensa e ininterrupta.

Compulsões ou hábitos automáticos, são as maiores travas para a boa comunicação verbal, entre dois parceiros. Levam os dois ou um deles a não ouvir direito o que o outro diz, a tirar conclusões apressadas, a interromper, a criticar, a temer a exposição franca do que pensam ou desejam. É preciso ter consciência dessas reações e tornar seus ouvidos amorosos.

Algumas dessas compulsões relacionais são muito comuns nos casais, mas podem ser conhecidas e controladas. São elas:

- A abordagem indireta – expressar-se de forma indireta, por medo de reações negativas, por insegurança ou qualquer outra razão, leva a uma confusão comunicacional. Por exemplo, dizer: *"Puxa, faz tempo que não vemos meus amigos"* é uma forma indireta de falar do seu desejo ou necessidade. Se adquirirem consciência de si – no caso, da própria insegurança –poderiam dizer: *"Gostaria de convidar meus amigos, tenho saudade deles. Vamos conversar sobre isso."*

- Outra compulsão comum é a que nos impede de ouvir o parceiro; enquanto ele fala, já estamos programando a resposta ou pensando em algo mais. Na maioria das vezes, aquele que não é ouvido se coloca na defensiva e, talvez reaja com mau-humor e até fantasias persecutórias.

- Igualmente compulsivo é o hábito de dar conselhos ou tentar tranquilizar o parceiro, enquanto ele só quer contar o que aconteceu, o que sente e como vive certa situação. Conselhos e tranquilização serão bem-vindos, sim, mas depois do necessário desabafo e das confidências. Muitos sentimentos de rejeição e desamor são evitados, se cada um se preocupar em ouvir, só ouvir, o que o outro conta. Se esforçar por compreender os sentimentos de quem fala, e olhar a situação sob o ângulo do outro, é mais útil do que se apressar em dar soluções, mostrar enganos ou minimizar preocupações.

- Falar sobre o outro, em vez de falar sobre si, é mais uma compulsão. Por exemplo, dizer: *"Fiquei magoada, porque você não chegou na hora combinada, para irmos ao supermercado"* é mais útil do que dizer: *"Você é irresponsável, só pensa em si e nunca chega na hora."* As afirmações, sobre o que ele ou ela fez ou pensa, são uma avaliação externa do que ocorreu. Já, expor os próprios sentimentos, revela uma realidade, que engloba as reações que o parceiro provoca.

- Ainda compulsão é o hábito de interromper o parceiro. Há pessoas que o justificam: já sabiam o que o outro ia falar; o que dizia não estava correto, era irreal, e ele tinha de saber isso. São explicações, que não evitam o mal-estar da interrupção e contêm a mensagem, que o parceiro não deve falar isso ou aquilo – ou significa que seu sentimento não têm importância. Ler a mente do outro é especular sobre o que ele sente, pensa ou tenta fazer, e é um dos hábitos prejudiciais à comunicação e à relação.

Compulsões na comunicação levam os casais a desenvolver defesas, para não sofrer. Diminuem as conversas, que constroem a relação amorosa, pois ambos especializam-se em queixas e explicações sobre as causas de seu silêncio e sentem-se incompreendidos. Perdem, ainda, a capacidade de clarear seu interior, e o que querem dizer. O que sentiam fica embutido e gera comunicações não verbais negativas: reações ressentidas, sem amor.

É o momento em que se torna imprescindível conversar sobre a comunicação. Isto significa que, quando alguém fala, além do conteúdo e da informação, compartilha sua visão do mundo e o seu modo de sentir o que vive e sua visão sobre o que ocorre.

A qualidade da comunicação depende do treino dos envolvidos, em dizer ao outro, de forma clara, o que desejam e precisam. Também depende do exercício de escutar com lucidez, freando o impulso de interromper o parceiro. É assim que podemos descobrir novas facetas do outro e a conhecer ângulos diferentes da realidade.

Sempre é muito bom que o casal desenvolva boa intenção, paciência, humildade e generosidade. O prêmio é a preciosa e insubstituível comunicação amorosa.

RELAÇÕES AMOROSAS PODEM CURAR

Nenhum outro relacionamento é tão íntimo, quanto o de um casal. A convivência faz com que um parceiro conheça profundamente o outro, e traz à tona as marcas de relações passadas. Quando há desejo de crescer, a interação adquire poderes realmente curativos, fazendo com que ambos possam lidar melhor com os fantasmas, que teimam em atrapalhar sua felicidade.

Problemas que trazemos da família de origem, da relação com nossos pais ou mesmo na relação entre nossos pais, interferem nos nossos relacionamentos – em maior ou menor grau. E, estar numa relação a dois é, justamente, uma das formas de perceber melhor essas questões emocionais, assim como de trabalhá-las em nosso íntimo.

Também as relações amorosas anteriores podem ter deixado medos, receios e dificuldades.

Mas, o apaixonamento pode ser curativo!

Pessoas que têm dificuldades para se entregar, que estão sempre no controle, que não acreditam em mudanças, por causa de um encontro amoroso não sabem o que estão deixando de usufruir, em termos de aprendizagem e crescimento.

Ousar mergulhar na emoção e na energia do outro, pode trazer melhoras na qualidade de vida, acrescentando leveza ao cotidiano e, também, a possibilidade de descobrir capacidades para os relacionamentos em geral.

Por outro lado, aqueles que se apaixonam, rotineiramente, têm a chance de refletir sobre o que estão, compulsivamente, buscando no outro. Olhando os padrões de repetição, poderão desenvolver autocontrole sobre suas carências e procurar relações mais maduras.

Na convivência de um casal, aparece o melhor e o pior de cada um. É a relação de maior proximidade que pode haver. Permite que um desenvolva habilidade, para enxergar os pontos fracos do outro e aprenda as maneiras de atingi-lo. É como ter sempre uma carta na manga. Os dois ficam vulneráveis. Razão pela qual, paradoxalmente, a relação amorosa acaba se tornando ambiente propício para o desenvolvimento de sentimentos e características humanas positivas: paciência, perdão, compaixão, respeito. Aprender a enxergar e qualificar o que o outro tem de bom, é um exercício de humildade e gratidão.

Se alguém quer, realmente, aprender e fazer mudanças, deve prestar atenção no que seu parceiro lhe diz, pois é quem melhor vê suas dificuldades. Pessoas com maior discernimento enxergam o melhor e o pior do seu par, e sabem lhe mostrar isso, delicadamente. Já aquelas com muitas dificuldades emocionais só vão perceber o pior do outro, e terão maneiras inadequadas, agressivas ou desagradáveis de mostrar.

Num casal que está junto para crescer, um pode usar o que o outro aponta como um roteiro para sua aprendizagem, refletindo sobre seu comportamento e suas reações. Ao mesmo tempo, exercitar-se, para trazer à tona o melhor do outro, é um movimento útil, para aumentar o envolvimento do casal, trazendo à vida harmonia e bem-estar.

Alguns autores usam a expressão "*casal como terapeuta do indivíduo*", significando que a vida a dois pode, realmente, ajudar as pessoas a superarem suas dificuldades afetivas e relacionais. É comum que um tenha o que falta ao outro, ou o que ele precisa aprender. Então, em lugar de criticar o que o parceiro apresenta de diferente, vale a pena observar o que ele pode ensinar, com seu jeito de ser.

Outras vezes, a pessoa carrega sequelas das dores das relações que teve e, ao iniciar uma nova, fica muito focada em sentir os mínimos sinais, que possam desencadear os mesmos sofrimentos. Este comportamento pode impedir, que novos afetos se estabeleçam. Ao contrário, se os parceiros puderem falar das antigas dores, conseguirão sair dos *pré-conceitos* relacionais e um ajudará a curar os medos do outro, abrindo a possibilidade de que descubram formas mais íntimas e muito mais felizes de se relacionar.

"MATERNAGEM" NA RELAÇÃO DE CASAL

Quando se fala em ser cuidado, acarinhado e ter as necessidades supridas, em geral, se pensa em atitudes maternas. Costumo usar para isso a palavra *"maternar"*. Muitos, talvez, se assustarão, se dissermos que é normal alguém sentir falta de certa "maternagem" do parceiro.

"Maternar" é cuidar, dar carinho e prover as necessidades de quem amamos. Ao agirmos assim, não só fortalecemos a união, como também damos ao nosso companheiro ou à companheira a possibilidade de superar as suas deficiências, sobretudo as vindas da infância.

Nas relações de casal, é comum classificar a necessidade de ser "maternado" como deficiência, como se, quem deseja cuidados, estivesse preso à figura materna, de forma pouco adulta. Isso nem sempre é correto. Casais que têm uma relação saudável, aprendem que cuidados e agrados podem tornar a vida em comum, não só um espaço de amorosidade, como também de cura das carências vindas da infância e das relações com o pai e a mãe.

"Maternar" o outro ou a outra não é mantê-los em suas dores e dificuldades, mas dar o melhor para fazê-los crescer. Isso pode ocorrer naturalmente, no diaadia, de forma simbólica ou concreta, em fases e situações importantes.

"Maternar" pode ser não cobrar o que o companheiro ou companheira não tem condições de dar. É sinal de amorosidade, aceitar o limite e as impossibilidades do outro ou da outra.

Também é "maternagem" concordar que ele/ela precisa de momentos de troca com amigos ou amigas; que tenha gavetas ou espaços, que não serão invadidos por filhos e/ou pelo parceiro ou parceira; que fique quieto ou recolhido, sem precisar dar explicações, nem justificativas.

"Maternar" é, ainda, cuidar para que o cônjuge mantenha ou desenvolva suaautoestima. Isso pode ser feito, procurando destacar seus pontos fortes, estimulando-o a desenvolver novas aprendizagens, propondo atividades e programas, que o outro goste e nas quais é hábil, ou descobrindo novas formas de demonstrar amor e carinho.

Uma mulher, que estava às vésperas de ir para a maternidade dar à luz ao primeiro filho, me deu um belo exemplo de amorosidade e maternagem, pelo companheiro. Contou que as malas já estavam prontas e eram três: a sua, a do bebê e a do marido. Explicou que comprara pijama e chinelos novos para ele e preparara sua bagagem, com tudo de que mais gostava. Era a forma de envolvê-lo amorosamente, com antecedência, pois sabia que, depois que o processo se iniciasse, ela estaria só pensando em si e no bebê, e não queria que o marido se sentisse abandonado.

Outra forma de "maternar" é "segurar as pontas, quando o outro enlouquece". Basta viver um pouco com uma pessoa, para descobrir o que a tira de sua lucidez e harmonia. Sabendo disso, e querendo ser amoroso, pode-se estabelecer estratégias, para não entrar em desequilíbrio, quando tais situações ocorrem. Assim, em vez de "cair na loucura" com o parceiro, poderá ficar no controle, compreendendo, que o outro está em seu pior momento e controlando coisas, com as quais ele/ela ainda não é capaz de lidar. Saber que há alguém, que está fora do redemoinho e que poderá ajudar a sair dele, é uma das maiores provas de consideração e respeito. Ter alguém que o ama ou a ama, mesmo quando faz coisas menos bonitas, é uma dádiva de amor.

É claro que "maternar" também é fazer um cafuné, se o outro gostar; rezar por ele, sem precisar contar; fazer uma comidinha de que goste; ficar junto, quando estiver triste, sem forçar para tirá-lo da tristeza ou incomodar, com pedidos de explicação. Há outros gestos, que quem vive junto, e quer, pode descobrir, que são importantes para a pessoa amada.

Além dos cuidados mútuos, o casal pode descobrir coisas que sejam "maternagem" para os dois juntos, como uma viagem, e um programa de massagens. Ou qualquer escolha, que faça os dois se sentirem bem-amados, cuidados e respeitados.

CASAL ATENTO ÀS LIÇÕES DO DIA A DIA

A vida a dois oferece muitas oportunidades de aprendizado e crescimento, tanto para o casal, como para cada parceiro, individualmente. Para aproveitá-las, porém, é preciso estar disponível e atento à própria maneira de ser e às indicações, que são emitidas pelo outro. O conhecimento adquirido ajuda, bastante, a prevenir dissabores e fortalece o relacionamento.

A relação de casal possibilita, que os envolvidos aprendam sempre. Se os dois estiverem dispostos a se envolver nesse processo de crescimento, com consciência e decisão, ele pode ser até prazeroso. Mas, é possível, também, vivenciá-lo individualmente, inclusive sem que o parceiro saiba.

Algumas situações muito propícias, para adquirir novos conhecimentos sobre si mesmo e sobre o outro, são aquelas em que temos de lidar com a diferença entre as necessidades e os desejos de cada um. Por exemplo: um quer estar com o outro, justamente, quando este tem compromissos ou, simplesmente, quer fazer outra coisa. Nessa hora, é possível aprender a lidar com os vários ângulos dessa questão, colocando em prática itens importantes para uma relação e comunicação funcional:

- explicitar o próprio desejo de forma clara;
- dizer não de forma objetiva, porém amorosa;
- lidar com a frustração do desejo não realizado;
- frustrar o outro, sem culpa.

Se seu parceiro, simplesmente, não quer algo que você propõe, pense, portanto, em praticar o exercício de enxergar as diferenças entre vocês dois. Procure lidar com o desapontamento de não ser atendido, sem apelar para birras ou sentimento de rejeição desnecessário. E tente aproveitar a situação como um incentivo para acostumar-se a fazer sozinho as atividades, que lhe agradam.

Estar preparado para ouvir um *"não posso"* ou *"não quero"* é sinal de parceria e maturidade. As pessoas que escolhem um parceiro para serem cuidadas, poupadas ou providas, não se sentirão bem, com a negativa do outro, pois "ouvirão" mais do que a simples negativa. O *não* terá o significado de rejeição, descuido ou maldade.

Saber ouvir um *não,* sem sofrimento, é uma capacidade, que depende da autoestima da pessoa envolvida e da saúde da relação. Para aceitar que o outro não quer ou não pode realizar o seu desejo, é preciso que você acredite ser autossuficiente, para suprir suas próprias necessidades, que saiba que pode existir sem o parceiro, ainda que o considere importante. Por outro lado, também precisa saber avaliar o momento do outro e da união. Compreender que ele está ocupado ou preocupado com alguma coisa, e respeitar seu direito de não estar interessado no que lhe é proposto – sem pensar que se trata de maldade ou desamor.

Saber ler os sinais, que partem do outro, previne muitos dissabores. Quando as pessoas estão muito próximas, dividem espaço e projetos, correm o risco de não prestar atenção às mensagens não verbais, que enviam e que recebem. Essas mensagens são preciosas e, para um bom relacionamento, é importante saber decodificá-las. Isso ajudará, para que, após um tempo de convivência, um saiba quais são os melhores momentos e as melhores formas de fazer pedidos ou propostas ao outro, aumentando muito as chances de ser bem recebido e obter respostas positivas.

Quando se presta atenção nas reações do parceiro, aprende-se:

- a ver em si próprio atitudes e maneiras de se expressar, que o incomodam – e pode-se evitá-las;
- a observar aquilo que, em seu próprio modo de ser, agrada ao parceiro.

São informações que tornam a convivência muito mais fácil, se usadas com critério e generosidade, para consigo e para com o outro, em lugar de irritação e intolerância. Elas ajudam a evitar dissabores, colaboram com o amadurecimento do casal e fortalecem a relação.

A disposição de atentar para todos esses dados, pode ser um elemento de aprendizagem e crescimento individual.

O HUMOR NA RELAÇÃO DE CASAL

O processo de ser um casal é, com toda a certeza, o mais complexo e cheio de nuanças, que se pode vivenciar. Ele possibilita muito aprendizado, no entanto, engloba, também, dificuldades e dores. Lidar com as questões do amor, crescendo e aprendendo, pressupõe uma grande dose de disponibilidade e paciência. Cada casal, dependendo do seu padrão de funcionamento, pode e precisa descobrir estratégias e instrumentos, para facilitar a passagem pelos maus momentos, neutralizar os possíveis ataques e usufruir os bons períodos.

Uma das formas mais úteis e funcionais, que pode desenvolver e que, nessas ocasiões, pode se mostrar muito importante, é o uso do humor. Possibilita que as dificuldades deixem de ser barreiras e torna tudo mais leve, relativo e interessante.

O humor é um estado de ânimo, cuja intensidade representa o grau de disposição e de bem-estar psicológico e emocional de um indivíduo. É sinal de uma atitude benevolente. São Tomás de Aquino afirmava que "O humor é necessário para a vida humana." e explicava que, da mesma maneira que o sono está para o repouso corporal, o humor está para o repouso da alma.

Mas existem alguns aspectos importantes, que precisam ser avaliados no uso do humor:

- Um deles é o de não confundi-lo com ironia. Esta não é uma virtude, mas uma arma; é o riso mau, que fere. É uma das defesas mais destruidoras, na comunicação do casal.
- Aqueles que exageram no brincar, tornam-se inoportunos, por querer fazer rir, constantemente. E pode ser uma forma de tentar não dizer algo sério e mesmo agressivo, para aqueles a quem a "brincadeira" é dirigida.
- Aqueles que carecem de humor, irritam-se com os que o usam e tornam-se "frios" e distantes, não deixando a sua alma repousar pelo uso do humor.
- Como no meio é que está a virtude, aqueles que usam, convenientemente, o humor, têm a capacidade de converter as coisas que dizem ou fazem em riso.

Outra questão é que, antes de usar o humor com o outro, é preciso aprender a usá-lo consigo mesmo. Isto significa rir das próprias imperfeições, dificuldades, impossibilidades. Brincar, quando a questão é com o outro e levar a sério, se é consigo, pode piorar a dor da relação.

Ter senso de humor pressupõe ter humildade, não se levar muito a sério, não trilhar o caminho da perfeição e das certezas. É acrescentar generosidade, doçura e compaixão ao relacionamento.

Nos momentos de brigas, inevitáveis, o bom humor é uma qualidade atraente, bem como uma atitude sábia, para ser usada. O casal pode criar formas funcionais de lidar com desavenças, evitá-las ou não permitir que deixem marcas, excessivamente, doídas.

O amor envolve ternura, amizade, compaixão, lealdade, delicadeza. Alimentá-lo é uma das tarefas mais difíceis e importantes. Se deixarmos que se organize sozinho, as agruras do dia a dia, a rotina, as diferenças e as dificuldades acabarão transformando o amor em uma lembrança nostálgica. Contudo, se for enriquecido, alimentado, diariamente, será fonte de bem-estar, prazer e humanização. Fazer isso com humor, fará diferença na vida dos parceiros.

Conheço casais que, no dia a dia, usam estratégias, que facilitam o exercício do bom humor.

- penduram na parede ou deixam à vista fotografias pessoais, ou do casal, em situações, que foram bem humoradas ou lembram bons instantes;
- penduram tiras de quadrinhos favoritas ou que mostrem aspectos divertidos e leves da vida pessoal e conjugal;
- no espaço do casal, rabiscam citações, que estimulam a veia cômica do par;
- deixam nos locais em que costumam brigar, bilhetes, frases ou figuras, que facilitem a lembrança de que podem se desacertar, mas que isso pode ser passageiro e engraçado.

Assim, vão encontrando jeitos, para lidar com as disputas, assumindo as diferenças e negociando as soluções, de forma mais agradável.

Quando duas pessoas escolhem-se para ser um casal, começam a estruturar *sua* forma única de ser; aos poucos, vão estabelecer *seu* padrão de funcionamento. Tal padrão estrutura-se a partir do padrão de funcionamento de cada um dos membros, e da relação que se estabelece entre eles e, a partir do que cada um trouxe da sua família de origem. São diferentes pontos de vista, oriundos das leis internas aprendidas e assentadas, durante os primeiros anos de vida, na família natal. A estrutura da relação dos parceiros permite e possibilita, dar continuidade ao processo de crescimento individual, iniciado nas famílias em que cada um nasceu e cresceu. Nesse sentido, um casal que inclui o humor na sua relação e, depois, na relação familiar, ensina e transmite aos filhos uma forma mais leve de se relacionar. Aos poucos, os relacionamentos familiares e sociais podem ficar melhores.

CASAL FUNCIONAL CONSTRÓI FAMÍLIA FUNCIONAL

Muito se tem discutido e refletido, sobre a importância da família, na construção de pessoas saudáveis e maduras. Os fatos divulgados pela mídia, as atrocidades praticadas por pessoas jovens, nos levam a pensar como uma família pode criar indivíduos funcionais, e quando é que ela falha nessa tarefa.

Uma família funcional é aquela que:

- cumpre suas funções básicas de criação e desenvolvimento dos seus membros, de uma forma firme e flexível,
- se adapta às circunstâncias e aos fatos, de cada momento, e
- ajuda a todos a estarem sempre num processo de tomada de consciência, de aprendizagem e de crescimento.

Certamente, existem famílias que ajudam mais, e outras que ajudam menos seus membros a crescerem como pessoas funcionais.

No entanto, essa possibilidade da família ser mais ou menos funcional não acontece por acaso, ela vai se estruturando, a partir da forma mais ou menos funcional, que o casal desenvolve. O casal, que sabe lidar adequadamente com suas funções, irá passar esta habilidade para todos os membros da família e para todos os aspectos do seu funcionamento.

Uma das formas de avaliar a funcionalidade de um casal é avaliar as suas fronteiras, que são um limite virtual, que define quem é e quem não é daquele sistema. No caso do casal, essa fronteira deve ser nítida, no sentido de definir e proteger o espaço do casal e de definir quais tarefas e funções devem ser desempenhadas por seus elementos. E, por outro lado, deve possibilitar intercâmbio, contato e aprendizagens com outros casais e famílias e da família extensa dos dois.

Quando as fronteiras dentro do casal não são bem definidas, é comum que haja um filho ocupando uma tarefa ou uma função, que não deveria ser sua e, sim, de um dos membros do casal. Com isso, o filho terá seu desenvolvimento perturbado; seu crescimento será impedido.

Alguns outros itens do funcionamento do casal poderão acarretar funcionalidade ou disfuncionalidade na família:

- *Limites*: toda criança precisa deles. Implica em direitos e deveres, regras, orientação e contratos. Sentir que existem limites claros, dará à criança a certeza de ser amada, cuidada e orientada. A falta de limites claros gera, na criança, a sensação de estar à deriva, de não ter com quem contar, de insegurança e desamor.

- *Abertura e fechamento*: é saber o que é público e o que é privado; o quanto se pode abrir e aprender com outras pessoas, com outras famílias, com outros parentes. E, também, o quanto devem se fechar dentro do casal e da família, para manter a identidade, a estrutura e o aconchego familiar.

- *Equilíbrio dinâmico*: é a possibilidade de lidar, de forma flexível, com todos os aspectos conjugais e familiares, mantendo a estrutura e o equilíbrio, mas adequando-os às mudanças, aos momentos do ciclo vital familiar, aos imprevistos.

- *Trocas afetivas*: saber conectar-se com seus sentimentos e sensações, saber expressá-los, saber ser continente do afeto e dos sentimentos dos outros. Dos sentimentos ditos positivos – amor, carinho, aconchego, cuidado – como, também, dos chamados negativos – raiva, medo, mágoa, tristeza.
- *Desenvolvimento de autoestima*: que depende da certeza de que tem capacidade. É um processo de descoberta e treinamento das suas competências reais. Pressupõe aprender a lidar com as diferenças – de opiniões, de características, de habilidades – e com a valorização de cada um, mesmo sendo muito diferentes. É aprender a lidar com solidão, rejeição e privacidade.
- *Tarefas*: todos na família devem e precisam cooperar, na manutenção da vida familiar. Numa família funcional, todos têm tarefas e responsabilidades; cada um, com sua capacidade, competência e condições. Desde guardar os brinquedos, após o uso, até prover o sustento familiar.
- *Autonomia*: adequar o que cada um pode fazer sozinho, no que precisa de supervisão ou não tem idade/habilidade/competência para fazê-lo.
- *Independência*: o direito à liberdade e independência deve ser concedido, a partir de prova de competência e responsabilidade. E isso os pais só saberão adequar, se -como indivíduos e como casal- tiverem essa habilidade.

Este assunto nunca se esgotará, nem os itens discutidos serão os únicos, mas servem para ampliar a reflexão de casais e de pais.

RENOVANDO A RELAÇÃO, NO ANO NOVO

Na época dos finais de ano, todos nós somos levados a uma espécie de balanço – inclusive, de nossos relacionamentos. Muitos casais passam a avaliar o ciclo, que se encerra e a discutir projetos e propostas, para o que se inicia. Isso pode trazer bem-estar pelas vitórias alcançadas ou – o que é muito comum – desconforto, por aquilo que não se conseguiu fazer, pelas tristezas e frustrações vividas e, até, pelo receio do que virá pela frente.

Nesse balanço, muitos casais percebem, que estão deixando o relacionamento degringolar. Nesse caso, uma boa ideia é aproveitar as comemorações, para dar uma sacudida na vida em comum. Para isso, não é preciso nem sair de casa, apenas deixar as expectativas de lado e se propor a entrar no ano novo, encarando a rotina e os fatos novos, com mais humor e criatividade.

Se o relacionamento se transformou em uma rotina, que os parceiros apenas suportam ou em um jogo, de apontar as falhas alheias e defender-se dos ataques do outro, olhar para ele, de modo crítico, só pode causar mesmo ansiedade. Mas, é importante que isso seja feito, pois abre a possibilidade de uma renovação e, principalmente, de alimentar a esperança de que a relação possa ser melhorada.

As comemorações do réveillon, para casais que enfrentam essas angústias, podem ser o pretexto, para que se crie um espaço novo de conforto e bem-estar, desvinculado do antes e do depois. Algo como um intervalo, uma quebra do cotidiano. Isso não depende do local em que se está, das pessoas presentes ou de qualquer atividade externa. Basta o casal fazer um esforço, para deixar de lado as mágoas e as cobranças, e se lembrar do que a relação tem de melhor, dos ângulos mais interessantes de cada parceiro. Com essa disposição, o casal exercita um novo jeito de se relacionar, o que lhe permitirá viver momentos prazerosos e inusitados.

Algumas propostas podem auxiliar o casal nessa aventura. Uma delas é resgatar o bom humor. Algumas propostas:

- cada um, pode tentar lembrar como conseguiu, no passado, acessar o bom humor do parceiro e o próprio.
- os dois, juntos, podem relembrar os momentos de alegria do ano que passou.
- ou propor-se a descobrir outras fontes de humor e graça.

Estando alertas para isso, ambos ficarão mais abertos, para brincar com situações inesperadas, rir de si mesmos e até de situações, que, normalmente, achariam desagradáveis. Isto até pode ser meio artificial, no início, mas com a contribuição do casal, se tornará natural com o passar dos dias.

Outra boa ideia, para tornar diferentes esses dias, é desprender-se das rotinas, das regras com as quais estão acostumados, dos comportamentos automáticos, dos "préconceitos". Os atos rotineiros podem ser transformados em situações novas. Não se trata de deixar de fazer as coisas de que gostam, mas de fazê-las de modo diferente. Isso irá trazer à tona a criatividade de cada um e dos dois juntos. A forma de acordar, o jeito de propor o sexo, a forma de conversar e muitos outros aspectos da relação podem ser vividos de outras formas, agitando um pouco o ambiente do casal.

Mais difícil, mas igualmente produtivo, é abrir mão das expectativas. Elas fazem com que tudo que acontece seja insuficiente, gerem frustração. Sem expectativas, é mais fácil usufruir o que quer que aconteça.

Por fim, pequenas surpresas também são muito bem-vindas. Lembrar de coisas que agradam ao parceiro e colocá-las em prática vão trazer de volta o carinho e a gentileza para a relação.

Casais que se propuserem a esta experiência – adaptando-a às suas possibilidades, disponibilidades e gostos – descobrirão um oásis, capaz de minimizar as marcas do ano que termina, e de trazer energia e esperança para a relação no novo ano. Uma experiência que pode transformar a vida a dois!

RELAÇÃO AMOROSA MADURA

As relações amorosas podem nos ajudar a nos conhecermos e a mudarmos, se necessário. Quando estamos em um relacionamento afetivo, vivemos certas situações, que são oportunidades únicas, para observarmos nossas dificuldades e nos aprimorarmos.

As pessoas, que percebem e aproveitam essa qualidade da vida a dois, evitam erros que cometeram em outras relações e conseguem construir relações mais prazerosas, íntimas e satisfatórias – durem o tempo, que durarem.

Um relacionamento entre parceiros, que se encontram numa fase madura da vida, e que já tiveram outras relações deveria ser maduro desde o início, mas, nem sempre é assim.

Muitas pessoas passam pelas relações, sem fazer bom uso delas. Simplesmente, seguem adiante, procurando novos parceiros e repetindo os mesmos erros, vivendo as mesmas frustrações. Não aprendem, que os relacionamentos são uma maneira de enxergarmos as nossas dificuldades e os pontos, que precisamos aprimorar. Não conseguem compreender, que sua felicidade e seu bem-estar dependem delas mesmas e não do parceiro. Por estas razões, podem ficar maduras no que diz respeito à idade cronológica, mas, não conseguem viver um relacionamento amoroso, realmente maduro. A frustração de não serem supridas pelo outro, as impede de enxergar o próprio funcionamento e, assim, a cada relação, elas repetem o mesmo roteiro, cheio de erros.

O que essas pessoas precisariam compreender é, que certas dificuldades e emoções só vivemos, quando estamos nos relacionando amorosa e intimamente com alguém, e que estando num relacionamento, surgirão momentos que podem ser ótimas oportunidades, para observarmos os nossos pontos cegos, e que isso pode ser muito importante, para nos conhecermos e mudarmos, quando necessário.

Algumas pessoas conseguem fazer isso. E para cada novo relacionamento, que inicia, leva as aprendizagens, as descobertas e as mudanças internas feitas nas relações anteriores.

Quando duas pessoas, que sabem dessa qualidade dos relacionamentos se encontram – e se escolhem, para compartilhar o próximo trecho de suas vidas –, elas terão todas as alegrias e dificuldades inerentes a qualquer relação, mas também poderão, juntas, evoluir. Viverão, desse modo, uma experiência rica de encantamento, descoberta e crescimento, uma relação madura.

Num relacionamento assim, os itens seguintes estarão presentes:

- as alegrias e as tristezas, as dificuldades e os prazeres, as carências e os carinhos vão se organizando, como num caleidoscópio, onde a cada momento aparecem novos ângulos, novas figuras,
- os parceiros sabem, que esses movimentos acabarão sempre se harmonizando.
- há respeito às próprias necessidades e às do outro,
- o ciúme é substituído pelo cuidado com a relação, pela valorização da privacidade e da intimidade de cada um,
- investem em evitar o que pode atrapalhar, e em estimular o que dará continuidade à boa convivência do casal,

- a comunicação serve mais para compartilhar e trocar experiências, do que para as queixas,
- ao perceber pontos fracos no parceiro, saberão esperar o momento certo para falar, a forma amorosa e respeitosa de mostrar; aquele que receber uma crítica, por seu lado, a encarará como um auxílio para o seu aprimoramento relacional, com humildade e bom senso, pois sabe que o outro não está competindo, para ganhar uma guerra, nem tem intenção de desorganizá-lo.

Há, neste tipo de casal, a consciência de que todos os movimentos são feitos para que a vida a dois prossiga de forma prazerosa, íntima e duradoura. Com o tempo, a atração e a paixão iniciais se transformam em encantamento pelas características do outro e pela profundidade da relação. E, assim, esse será um relacionamento que dará certo. Não importa quanto tempo dure.

FLEXIBILIDADE E HARMONIA

Numa relação amorosa, é fundamental que os parceiros sejam flexíveis, para terem harmonia na vida a dois. Ter flexibilidade pressupõe uma variada gama de atitudes e comportamentos, que se reorganizam, de acordo com as diferenças entre os parceiros e as mudanças, que vão ocorrendo na vida a dois. Parceiros flexíveis colaboram para a continuidade da união.

Mas a flexibilidade também esconde perigos e, para evitá-los, os parceiros devem refletir sobre até que ponto vale ceder, para agradar o outro. Mais importante do que ser flexível é ter consciência e controle, sobre os exercícios de flexibilidade. O bom senso precisa prevalecer.

A concessão é um dos instrumentos, que garantem a continuidade do vínculo e uma forma de demonstrar afeto, compreensão, compaixão e desprendimento. Sem concessões, uma relação está fadada ao fracasso. Mas, elas também podem trazer dificuldades e problemas.

Um dos perigos são as concessões ocultas, que os parceiros fazem e que podem minar o relacionamento e colocá-lo em risco. Muitas vezes, nem a pessoa que as faz, tem consciência de que está abrindo mão de desejos e posições. Como não são acertos explícitos, não podem ser negociados e vão minando, interiormente. Podem gerar mágoas e a sensação de estarem sendo injustiçados.

Outra questão, que desencadeia muitos mal-entendidos, são as concessões feitas com a expectativa de que o outro perceba, e dê algo em troca. Como isso entra na rotina da relação, é comum que o outro nem perceba, ou, então, receba o agrado, sem se preocupar em retribuir. E isso pode, também, geram mágoas e mal-estar.

Ao fazerem concessões, as pessoas se forçam a realizar coisas que, de outra forma, não desejariam realizar. Se a condescendência ou o sacrifício se revelarem mais difíceis ou desagradáveis, e menos compensadores do que o previsto, a pessoa poderá rebelar-se e tornar-se zangada ou arredia. O desejável é que cada um seja capaz de agradar o parceiro e fortalecer a união, sem se ressentir ou retrair.

Quando um dos parceiros cede mais que o outro, a questão não é quanto um ou outro cede, mas o bem-estar que ambos sentem na relação. Se ceder traz harmonia e os dois não se sentem lesados, não existe problema. Para evitar mágoas, ao fazer a vontade do outro, é essencial pensar, que se trata de escolha e um investimento na relação e, portanto, não há motivos para queixas. Mas, se ceder é um jogo para ter poder, ou uma forma de cobrar depois, ou com a expectativa de que o outro também faça concessões, será um movimento disfuncional, que pode trazer outros dissabores.

É comum, que, no início da relação, a pessoa "aceite tudo", mas, passada essa fase, a "bondade" se vai. Isso ocorre porque, durante a paixão, não se enxerga com clareza o outro, nem a relação. Por essa razão, se faz coisas que, depois, não trazem bem-estar. Todo relacionamento precisa se adaptar a ciclos, tempos e contextos. Em cada fase, o casal deve conversar e estabelecer novos ajustes e contratos. A melhor maneira de negociar é conversando, colocando seus sentimentos, ouvindo o que o parceiro tem a dizer, seus pontos de vista e seus sentimentos. Assim, a escolha de fazer uma concessão, se torna uma forma de flexibilizar e enriquecer a relação.

Há dois exercícios na conversa sobre acertos e concessões, que ajudam o casal a negociar:

- colocar-se no lugar do outro – percebendo, imaginando o que o outro deseja, o que o agrada e desagrada.
- falar dos próprios sentimentos, em vez de falar do que o outro faz – para que compreenda seus pontos de vista e não se sinta cobrado, nem criticado.

Quanto mais os parceiros fizerem concessões de forma consciente, mais amorosa pode ir ficando a relação.

REAÇÕES ÀS ESCOLHAS DO CASAL

Reações da sociedade contra casais, que fogem ao padrão, atrapalham a vida desses casais, que fazem escolhas diferentes das expectativas tradicionais. Críticas e comentários maldosos, em especial de familiares ou de amigos, podem perturbar, e até impedir, a felicidade dos parceiros, que optam por um arranjo conjugal, diferente do arranjo da maioria das pessoas.

Para piorar, os casais, que se propõem a sair dos padrões, ainda correm o risco de ter a relação prejudicada, pelo preconceito e pela dificuldade das famílias e da sociedade, em lidar com suas escolhas. A estranheza se expressa em comentários maldosos e outras reações desagradáveis, capazes de interferir na vida do casal e até de impedir a sua harmonia.

Está mais do que na hora, de repensarmos as relações amorosas, a partir das mudanças que vêm ocorrendo, na estrutura das famílias. Cada uma das novas situações familiares e conjugais exige de seus integrantes, aprendizados específicos, para que todos possam usufruir de seus relacionamentos e crescer neles. Isso não é tão simples, acontece aos poucos, e todos ganhariam, se houvesse mais tolerância.

Foram as mudanças vividas pela sociedade, nas últimas décadas, que impulsionaram a criação dos novos arranjos conjugais. O aumento da segurança dos métodos de controle da natalidade, o foco na carreira profissional, por parte de muitas mulheres, a facilidade em realizar viagens e aventuras, o aumento da parceria e do equilíbrio hierárquico entre o homem e a mulher, tudo isso tem ajudado os casais a tomar, com clareza e discernimento, sem culpas ou constrangimentos, a decisão de se relacionar de um modo diferente do tradicional.

Uma das opções dos novos casais é a de não ter filhos. A maioria, dos que fazem esta escolha, não se arrepende, mesmo sabendo que, junto com os ganhos, também haverão perdas. Quando a decisão é clara e consciente, o casal sabe que terá, pela frente, o desafio de não deixar a relação cristalizar, ou tornar-se repetitiva e cansativa, carente de experiências inéditas. Se os envolvidos estiverem atentos, procurarão sempre criar novas possibilidades na relação e na vida de cada um, de modo que haja crescimento conjunto e individual. Isso é relativamente simples, se a escolha for dos dois. Mas, eles terão o desafio adicional de não se deixar influenciar, por acusações externas de egoísmo e infantilidade. Quanto mais fortalecidos, internamente, estiverem, mais força e certeza terão, para, com calma e tempo, mostrar à sociedade, que sua escolha não é melhor nem pior, nem certa nem errada, mas apenas diferente.

A decisão de viver em casas separadas, também, já está se tornando comum. É mais aceita nos casos de casais que já têm filhos de outras relações. Entende-se que, nesses casos, misturar tanta gente, pode gerar problemas e morar, separadamente, facilitaria as coisas. Mas, quando se trata de um casal, que está iniciando a relação ou que já vivia junto e tem filhos em comum, por exemplo –, a dificuldade em aceitar a escolha gera, muitas vezes, comentários maledicentes e suspeitas sobre os possíveis motivos, que teriam levado à decisão. Tais influências externas podem dificultar para o casal o enfrentamento dos desafios, que a escolha já exige, como o da preservação da intimidade, apesar da distância.

Se o falatório rola solto, nesses casos mais corriqueiros, imagine em situações intrincadas, como as que são mostradas nas telenovelas, mas que também acontecem na vida real: famílias com várias mulheres e um homem, ou com vários homens e uma mulher, casais homoafetivos, com filhos gerados em situações diversas, e muitos outros arranjos amorosos.

Se família, amigos e comunidade puderem compreender o direito de escolha de cada casal, todos terão a chance de aprender, crescer e se aprimorar.

CASAIS E NOVAS CONFIGURAÇÕES FAMILIARES

A família sofreu muitas mudanças, nas últimas décadas. Hoje encontramos configurações variadas e bem diferentes da tradicional, o que gera dúvidas, em todos os envolvidos, sobre os modos mais adequados de agir, em determinadas situações. Essas questões interferem, profundamente, nas relações de casal.

As complicações emocionais e funcionais de famílias, que fogem ao modelo tradicional, podem interferir no relacionamento. Para enfrentá-las, é preciso que os cônjuges reservem um tempo exclusivo para si, de modo a reforçar os laços e preservar a intimidade. A união, somada a uma boa dose de flexibilidade, ajuda a conviver com as ansiedades geradas por relações, que não estão consolidadas.

Relativamente comum, por exemplo, é que um dos parceiros tenha sido o único responsável, durante muito tempo, pela gestão dos filhos e da família anterior. Ao iniciar o novo relacionamento, fica difícil, para essa pessoa, aceitar o envolvimento do novo parceiro nas decisões familiares. Eles precisarão ter muita disponibilidade, para rever valores, conceitos e costumes e aprender a compartilhar as decisões.

Aquele que está chegando, por sua vez, precisará se esforçar para compreender as razões e motivações, que geravam as decisões no antigo núcleo familiar do companheiro ou companheira. Havendo colaboração, um poderá aprender com o outro e ambos irão compartilhar dificuldades e decisões, sem cair na crítica, na defesa ou no ataque.

Outra situação, que gera ansiedade para os cônjuges, é aquela em que se agregam muitos subgrupos, cujos membros fazem parte de outras famílias. Não falo do já quase tradicional "os meus, os seus, os nossos", mas de casos como o de crianças, que, após a segunda separação do pai, ficaram morando com a madrasta ou de conformações até mais complicadas.

Sejam quais forem os formatos das novas famílias, o foco do casal deverá ser, sempre possibilitar, que as tarefas e funções parentais sejam desempenhadas de forma adequada, para o desenvolvimento físico e emocional das crianças e adolescentes.

No entanto, não se pode esquecer, que os filhos vêm e vão. Para manter a relação viva, no decorrer desse processo, é necessário que o casal preserve espaço e tempo, exclusivos para ele. Assim, poderá namorar, se divertir, discutir seus problemas e planos e também trocar impressões, sentimentos e dificuldades, em relação à família. Isso evita, que se caia numa rotina desgastante de críticas e queixas, e permite que os dois possam descobrir juntos, as melhores soluções para os impasses que surjam.

O ideal é que as decisões com relação à família sejam do casal, de comum acordo. Somente depois, que a sua posição estiver definida, sobre uma determinada situação, é que os demais envolvidos deverão ser informados. Agindo assim, a dupla se sentirá – e de fato estará – fortalecida e unida. E ficará afastado o risco de, descuidadamente, um se contrapor ao outro, rivalizando ou combatendo entre si.

Um casal unido, certamente, lidará melhor com situações delicadas – como o contato com ex-cônjuges e suas respectivas famílias, definições de visitas e questões ligadas a dinheiro – e irá agir de forma a cumprir todas as necessidades das funções parentais, das questões de pertencimento, de identidade e de lealdade, de modo que ninguém se sinta lesado, traído ou roubado. Mas, isso só se consegue, porém, se houver aceitação do novo modelo familiar, consciência dos sentimentos e dos preconceitos envolvidos e, mais que tudo, flexibilidade.

O desafio é grande, porém não impossível de ser enfrentado. Basta ter criatividade e disposição, para possibilitar as mudanças e os arranjos necessários, na gestão da família e na intimidade do casal.

CASAIS QUE TRABALHAM JUNTOS

Quando duas pessoas se conhecem e se apaixonam, e, como consequência, decidem conviver e formar uma família, estão realizando um movimento, que é a evolução natural de um casal, de acordo com a expectativa social e cultural. A partir de um vínculo, fundamentado nos sentimentos amorosos, aprenderão a lidar com as tarefas e as dificuldades, inerentes ao casamento, à estruturação da família e à criação dos filhos. Algumas vezes, no entanto, além do relacionamento conjugal, o casal compartilha uma empresa, um negócio, e então, o desafio é maior ainda, mas não impossível de ser encarado e vencido, até com ganhos para a relação amorosa.

Se estiver disposto a crescer e se desenvolver, o casal não deve ter receio desta situação. Tocar juntos uma empresa, não é, necessariamente, um problema para o casal. Em vez de trazer sobrecarga para a vida a dois, ou prejudicar a rotina familiar, ela pode ser uma oportunidade de estreitamento dos laços. O ambiente de trabalho ajuda os parceiros a se conhecerem e a exercitarem a tolerância. Com isso, a união fica mais forte.

Mas, é preciso separar os problemas domésticos dos profissionais e estabelecer as funções de cada um, além de não esquecer dos pequenos gestos, essenciais, para manter viva a relação.

Para que consigam usufruir da proximidade e afastar as dificuldades, é preciso que ambos estejam conscientes e dispostos a buscar harmonia entre seus papéis.

O primeiro passo é aprender a separar os temas domésticos dos temas profissionais. Problemas do casamento ficam em casa. Os da empresa, no escritório. Nada de misturar as coisas. No âmbito do lar, é necessário aprender a não falar sobre negócios e dedicar a devida atenção aos filhos e à relação pessoal, além de reservar um tempo livre para o casal. Pequenos cuidados devem ser mantidos. Não é porque os dois passam o dia juntos, que não precisam demonstrar prazer com a presença do outro, na hora da intimidade.

Outra estratégia importante é definir as tarefas de cada um, tanto dentro da empresa como na família. As funções e as hierarquias devem ser estabelecidas, com clareza e objetividade e observadas, cotidianamente. A definição do que caberá a cada um deve ser feita, de acordo com as habilidades e disponibilidades específicas.

Avaliadas essas condições e tomadas as decisões, é preciso que fique explícito quem decide o que e em que situações. Isso não significa, que deva haver rigidez ou que uma das partes tenha sempre de se submeter, mas apenas que, quando um tiver o poder decisório, o outro irá acatar – ou negociar, levando em conta o que foi combinado. Tal contrato de trabalho deve ser reavaliado, constantemente, e ser adaptado ao momento da empresa e à fase do ciclo vital, que a família está passando. Gravidez, filhos pequenos e doenças podem ser bons motivos, para uma revisão no acordo firmado.

Claro que a forma como os cônjuges lidam com dinheiro, com espaço e com as emoções, aparecerá nas decisões empresariais. Mas, se conseguirem conversar sobre as dificuldades, que se evidenciam e sobre as diferenças no modo de pensar de cada um, terão condições de melhorar, ao mesmo tempo, a relação de casal e de parceiros profissionais. Assim, é imprescindível não esconder mágoas e desconfortos. Qualquer coisa que não agrade, deve ser posta na mesa o quanto antes. Se pequenas rusgas se acumulam, geram problemas maiores.

Trabalhar junto é uma chance, que o casal tem de:

- aprender a ceder e a promover a complementaridade e não a oposição,
- praticar a tolerância em relação às fraquezas, os defeitos, as falhas do parceiro, tornando não só o ambiente de trabalho, mas a vida toda mais humana e compassiva.

Por isso, negociar é a palavra-chave. Negociando, será possível achar um meio-termo entre os desejos e ambições de cada um, no projeto empresarial e nos afazeres domésticos, e conciliar os sonhos individuais, os familiares e os profissionais.

Além desses aspectos, é importante lembrar, que a ligação afetiva precisa de cuidados, para se manter e que, até as situações profissionais, podem servir a esse propósito. Um abraço doce depois de uma reunião difícil, um elogio inesperado, uma massagem na testa, na hora da dor de cabeça, uma mensagem carinhosa, uma folha de papel com um poema, uma carícia são sinais que recordam a amplitude da relação, maior do que a empresa e o trabalho.

PAIS QUE NÃO DEIXAM DE SER CASAL

Um casal precisa de espaço próprio, para compartilhar interesses, conversas, vida social, alegrias e emoções, concernentes só aos dois. Quando os filhos chegam, **é possível que um dos membros do casal, ou ambos,** permitam excessiva interferência de sua função de pais, no relacionamento a dois. Para a harmonia de todos, isso não deve ocorrer.

A dificuldade em discriminar e separar as funções de pai e mãe, das funções de casal, é uma das causas de problemas entre pais e filhos. Quando duas pessoas se unem, desenvolvem funções específicas de casal. No momento em que chega uma criança, precisam ter habilidade, para manter os papéis de casal, inserir neles desempenhos parentais, sem confundi-los.

As funções básicas, específicas do espaço de casal e razão para os dois cônjuges estarem juntos, são:

- ser refúgio para os estresses externos, que sofrem no dia a dia;
- ser matriz para contatos com outros agrupamentos sociais, criando a forma específica do casal se relacionar com as famílias e o meio social;
- possibilitar o desenvolvimento da intimidade e da sexualidade;
- preservar as fronteiras, de forma que, nem os filhos, nem os parentes, nem os amigos interfiram ou invadam a vida a dois.

Ao chegar o primeiro filho, os pais devem cumprir as funções parentais:

- nutrir: desde a alimentação até as outras necessidades, fornecendo informações e aprendizagens;
- serem continente: o que envolve colo e a relação pele a pele, tão necessária nos primeiros dias, até o estar disponível, nos momentos de dificuldade e de dar o ombro para o choro sentido;
- controlar e orientar: saber o que o filho faz e onde está, ensina-lhe a se proteger, nos momentos de sair do ninho;
- dar autonomia adequada à idade e á competência;
- usar a autoridade que, de acordo com a necessidade, é sempre prova de amor e cuidado, além de desenvolver segurança e confiança na prole.

Muitos casais, depois que têm filhos, passam a desempenhar só as funções parentais, esquecendo-se, que ainda são um casal. Deixam de cuidar um do outro, de fazer programas somente seus, permitindo assim, que o filho quebre os espaços ou impeça os momentos de intimidade. Numerosas relações começam a se deteriorar, nesse momento, mas poderiam, ao contrário, ser alimentadas e desenvolvidas, com os dois se empenhando em preservar o namoro, a conversa, os programas próprios, os carinhos e cuidados.

Se homem e mulher deixam de exercer as funções de casal, eventualmente, os dois, ou um deles, deposita sua carência no filho: exige ou espera que ele lhe cuide, lhe faça companhia, seja seu confidente, amigo e o parceiro das horas de lazer, no lugar do cônjuge. Dessa forma, o casal se afasta cada vez mais, e sobrecarrega o filho com funções, que não deveriam ser suas.

Ter clareza e separação desses dois papéis – cônjuges e pais – auxilia inclusive, na eventualidade de um divórcio, pois, neste caso, cessam as funções conjugais mas, os dois, necessariamente, devem manter os papéis parentais.

Na confusão dessas funções, inúmeras dificuldades podem surgir, quando o casal se separa. Existem pais e mães que, separados, abandonam as funções e o contato com os filhos, e, só quando tentam reconciliar-se com o cônjuge, dão atenção aos filhos. E, deles se esquecem, no momento em que se conformam com a separação. Outros, a viver juntos ou não, depositam nos filhos suas dificuldades e os agridem ou até mesmo os abandonam, por vingança ou punição ao parceiro ou ex-parceiro.

Não raro, filhos são encaminhados para terapia, ao reagirem com comportamentos problemáticos. Nestes casos, deve-se verificar se a indicação não seria para os pais, separados ou não, que, por razões específicas, deixaram de desempenhar, satisfatoriamente, as indispensáveis funções parentais. Ou, então, avaliar se seria o caso de terapia de casal, quando os pais vivem juntos, e os problemas do filho podem ser consequência da confusão entre espaços de casal e de pais, gerando guerra entre os cônjuges ou outra questão conjugal, que desemboca em sofrimento da criança.

Casais, que se esforçam por aprender a diferenciar os dois espaços, conseguem ter um convívio mais harmônico. Sabem que devem lidar com as dificuldades específicas de cada relação, para colher os frutos do aconchego e da intimidade do seu espaço conjugal. É assim que possibilitam aos filhos duas dádivas: o crescimento sem o peso da responsabilidade, pelo convívio harmonioso dos seus genitores e a noção de que, um dia, poderão ter o seu próprio espaço de casal.

RELAÇÃO DE CASAL E DINHEIRO

Aos poucos, os parceiros que vivem juntos, estabelecem uma maneira de agir e reagir, que se repete frente aos problemas e situações. Em função disso, todo casal tem a sua forma de lidar com o dinheiro. Algumas são mais leves e funcionais, outras, mais difíceis e desencadeadoras de brigas e crises. Todas, porém, são consequência de um certo padrão de funcionamento adotado, inconscientemente, pelos parceiros. Tomar consciência do funcionamento desse mecanismo, pode facilitar muito a convivência e é fundamental, para que eles possam administrar, sem desgastes, o dinheiro da família, tema que, em muitos relacionamentos, se transforma em perigosa arma de guerra.

O padrão de funcionamento é aquela fórmula que o casal usa, repetidamente, para responder e reagir às situações da vida e da relação. Engloba o que é dito e o que não é dito, a maneira como se fala e como se faz as coisas, além de outras nuanças do comportamento, e estrutura-se a partir do padrão de cada uma das partes integrantes do casal. Na relação amorosa, as pessoas ficam muito vulneráveis à ação do outro e é por isso que, mesmo sem perceber, vão se organizando, desde os primeiros contatos, para se proteger de mágoas ou sofrimentos. Estrutura-se, assim, uma forma de agir, reagir, sentir e pensar, que passa a ser automática, vira um círculo vicioso relacional. O padrão, que se estabelece, fica tão enraizado que, às vezes, uma pessoa muda de parceiro, mas não de funcionamento.

Ter consciência do seu padrão individual e de relação, ajuda a entender e enfrentar as dificuldades do casal, no que diz respeito a dinheiro – e também em outras questões.

As decisões – quem paga as contas, como fazem o acerto, quem tem responsabilidades fixas – podem ser tomadas, a partir de condições reais – data de pagamentos e recebimentos, características pessoais de cada um, facilidades de locomoção –, trazendo racionalidade e leveza para o relacionamento.

Outra maneira de abordar o tema, é se basear naquilo que cada um precisa desenvolver. Por exemplo, se um parceiro tem dificuldade com os controles, passará a ser o responsável por eles, com a ajuda e a supervisão do outro, até aprender a fazê-lo sozinho.

Mas, se o casal tem dificuldades relacionais e emocionais, existe o risco de os parceiros enrijecerem nas decisões, aumentarem as cobranças e culpabilizações. Fica difícil achar saídas amenas, eles não conseguem se ajudar e nem aprender. E levam isso para a lida com o dinheiro.

Quando as pessoas estão muito infelizes, depositam a responsabilidade por seu estado, em todos os aspectos da relação, e as questões ligadas a dinheiro estão sempre disponíveis, para servirem de prova da maldade ou da incapacidade do outro.

Um casal funcional consegue adaptar as decisões, de acordo com as facilidades e o temperamento de cada um, considerando a fase que a família vive, a idade dos filhos, o incremento ou a perda de renda. Faz do tema dinheiro um aliado da união, e tira dele o papel de arma de ataque ou defesa.

Nos momentos de crise econômica – fora ou dentro de casa – todos os temas tornam-se delicados. O casal, que tiver aprendido a lidar com o dinheiro de maneira tranquila, enfrentará com mais facilidade as adversidades. Por outro lado, aqueles que usam o dinheiro como instrumento de guerra, podem não sobreviver às turbulências. E a culpa não será da crise, mas sim do padrão de relação deles.

Enxergar o padrão e perceber como ele aparece na vida do casal, quando o assunto é dinheiro, possibilita a flexibilização das regras, a diminuição das disputas e a descoberta de formas mais saudáveis e funcionais de interagir, neste e em outros aspectos da vida a dois.

PLANOS PARA UMA NOVA ETAPA

Quando chega o final de um tempo – ano, ano de casamento, aniversários –, as pessoas se põem a lembrar dos planos feitos, para a etapa anterior e a avaliar o que foi, de fato, realizado. Muitas vezes, surge a sensação de que algo a mais poderia ter sido feito, de que os objetivos não foram totalmente atingidos. Aí, brota a culpa: será que não nos empenhamos o suficiente? Ou apenas nos esquecemos daquilo, que antes parecia importante? O sentimento, para algumas pessoas, soma-se ainda a certa mágoa, por não terem sido agraciadas com o que desejaram. Emoções assim alimentam comportamentos de cobrança, com relação às pessoas que, acreditamos, poderiam ter-nos ajudado e não o fizeram. Num casal, isso pode acarretar efeitos desastrosos.

Para evitar confusão, os parceiros precisam, desde logo, pensar até onde vai a possibilidade de colaboração do outro, com relação a seus próprios planos, evitando esperar mais, do que ele tem condições de fazer. Além disso, vale a pena investir, na elaboração de projetos conjuntos. Mas nada difícil demais, de ser realizado.

Em vez de projetos mirabolantes, difíceis de concretizar, defina objetivos simples, como adotar a prática das pequenas gentilezas do dia a dia, empenhar-se em descobrir o que realmente é importante para ele ou para ela, e evitar aquelas atitudes, que já sabe que são ineficazes. A alegria, muitas vezes, está no pequeno. O resultado, certamente, será um aumento da intimidade e da harmonia em seu relacionamento.

E não esqueça da relação em si. Cuidando dela, será possível chegar ao fim da etapa, que agora se inicia, sem culpa ou acusações e contabilizando progressos, na intimidade e na harmonia do casal. Entre as proposições capazes de levar a esse resultado, destaco:

- *Valorizar as pequenas gentilezas.*
  - Gestos espontâneos de demonstração de afeto e consideração, independentemente do outro ter feito algo de bom, desencadeiam bons sentimentos.
  - Se o outro erra, antes de o corrigir ou aconselhar, procure falar do afeto, que sente por ele.
  - O agrado faz bem, tanto a quem o oferece, quanto a quem o recebe. Mas dá trabalho.
  - É preciso estar atento, programar-se (inclusive, agendando ou pedindo, que alguém de fora, o lembre de datas) e criar oportunidades.
  - E, se o outro não perceber o seu esforço, ou não fizer gentilezas, na mesma medida, nada de desistir! Para haver um salto real de qualidade, no relacionamento, alguém tem de começar.

- Descobrir o que é prova de amor, para seu parceiro ou parceira.
  - A maioria das pessoas admite, que não sabe ou nunca pensou, em quais comportamentos seriam vistos como confirmação do seu afeto, para o amado.
  - Alguns pensam saber; porém, se buscam confirmar, ficam chocados, ao constatar o quão longe estão, do que o outro considera prova de amor.

- A verdade é que, cada pessoa tem uma lista de comportamentos, que espera do outro, como comprovação do seu amor.
- Ao explorar esses desejos, o parceiro abre um novo horizonte de possibilidades, para demonstrar seus sentimentos.

- *Transformar o abraço em forma constante de interação.*
  - A força curativa do abraço já foi estudada e definida, como uma das formas de resolver questões difíceis, numa relação, de trocar afeto, de pedir perdão, de perdoar e de passar mensagens, sem precisar falar. Para o casal, isso é uma preciosidade.

- *Evitar o que já sabem, que não resolve.*
  - Quando se encontram tomados por sentimentos intensos, casais geralmente, repetem comportamentos, que não só não solucionam os conflitos, como podem agravá-los. Que tal, procurar identificar essas atitudes erradas e tentar evitá-las?

Não há fórmula mágica, mas as proposições, acima, permitirão ao casal, entrar na próxima etapa, sem desperdiçar energia e tempo, com planos impossíveis. E, o que é melhor, terminá-la sem estresse ou cobranças desagradáveis.

POR TRÁS DOS "50 TONS"

Passada a euforia com os "tons de cinza", fui ler os livros da britânica E. L. James, para ver se entendia a razão de tanto sucesso. Deparei-me com descrições detalhadíssimas dos atos sexuais de um casal e, também, com uma história de amor, que encantaria até a minha avó.

A relação amorosa ali descrita é o retrato do que acredito, que pode existir de curativo e redefinidor, numa relação de casal. São duas pessoas dispostas a se curar e a ajudar a curar a quem amam. Para isso, dispõem-se a encarar as próprias dificuldades e dores, e a ter compaixão pelas dores do outro.

As dores e dificuldades individuais vividas na infância definem, em cada um de nós, um padrão de funcionamento, que é o responsável por nosso modo de agir e de nos defender, nos momentos de sofrimento. O que é interessante na obra de James, é acompanhar o processo de mudança dos padrões individuais do homem e da mulher, à medida que eles vão se tornando íntimos, vão aprendendo a confiar e a se entregar um ao outro, mesmo correndo o risco de se machucarem e serem rejeitados.

A um primeiro olhar, o homem parecia ter dificuldades mais sérias. Mas, existe uma premissa no estudo de casais, que diz que, quando duas pessoas se juntam, é porque suas dificuldades são semelhantes. Ainda que donos de histórias diferentes, os personagens dos livros carregam as mesmas dores e os mesmos medos, donde se pode concluir, que sua cura também deve se dar pelo mesmo caminho, podendo ser elaborada em conjunto e a um só tempo.

Embora demonstrem isso de maneiras diferentes, os dois querem controlar, têm medo de ser controlados e de ser invadidos, são carentes, rígidos, donos da verdade, corretos e trabalhadores, entre outros aspectos e valores.

Os casais da vida real, também, são assim. Podem ter outros comportamentos, valores, dificuldades e aprendizagens, mas estes são sempre do casal, nunca de um só.

A possibilidade de curar-se e curar o outro, na relação, passa por dois eixos: querer curar-se e ter compaixão pela dor do outro.

Querer curar-se parece simples, mas não é. Exige:

- Humildade, para admitir as próprias dores e dificuldades e para aceitar que o outro pode ajudar;
- Coragem, para abrir mão do próprio jeito de reagir e se defender e para correr o risco de que o outro use isso – querendo ou sem querer – e o machuque;
- Discernimento, para enxergar o seu pior, nos momentos em que o pior do outro aparecer, e para não se desesperar com nada disso;
- Saber, que tudo é um processo de aprendizagem, de crescimento e de cura.

Ter compaixão pela dor e pelas dificuldades do outro:

- É fácil nos momentos bons e amorosos e totalmente difícil, nas situações de mágoa e raiva; mas é nestes, que o outro mais precisa de compreensão e ajuda.
- Poder enxergar a dor e as dificuldades do outro, no comportamento desagradável que ele apresenta ou em

outros sintomas, é um exercício difícil, que demonstra amor e disponibilidade.

- Quando se consegue, tornar-se possível, partir para o passo mais importante das relações, que é saber e lembrar, nos momentos de crise, que o que o outro faz não é algo contra mim, mas, sim fruto de uma dificuldade, ou de uma inabilidade, ou de uma deficiência dele.
- Outra maneira de demonstrar compaixão pela dificuldade do outro e ajudá-lo a se curar, é não fazer o que já se sabe que desencadeia o seu pior. Isso é respeito por ele e por você.

Nas mais de três décadas em que tenho trabalhado com casais, já vi vários deles, vivendo esse processo. Não é fácil, nem indolor, mas, como nos livros de E. L. James, vale o investimento.

Transformar-se para poder ficar juntos. Não é um processo fácil nem indolor, reafirmo, mas é possível e compensador. Todo casal pode aprender com o comportamento desses personagens.

MUDANÇAS PESSOAIS
NA RELAÇÃO DE CASAL

Todo casal pode resolver suas dificuldades. Na prática, nem sempre é possível, nem sempre os parceiros conseguem. Se os dois envolvidos estiverem disponíveis e tiverem condições para isso, o processo de mudança e solução dos problemas pode ser muito facilitado. Da mesma forma, a tarefa de reorganizar o casal, definindo novas regras de funcionamento e de comunicação, consegue sucesso, quando os parceiros aceitam mudar aspectos pessoais.

A superação dos problemas conjugais só será possível, se os dois tiverem *desejo e vontade de mudar* aspectos pessoais. *Desejo* significa energia para planejar, necessidade de buscar. *Vontade* significa a energia necessária para a ação, o movimento indispensável para a busca.

Só havendo a decisão individual é que haverá possibilidade de investir no casal, criar novas estratégias de funcionamento, aprender outras formas de relacionamento.

Muitos cônjuges se propõem a avaliar a relação, com o intuito de que o terapeuta, os familiares, os amigos enxerguem e mostrem, que o outro é o culpado. Esperam que um "juiz" declare, que ele está certo e tem direito de agir como age. Nesses casos, discussões, terapias, avaliações podem estender-se por um longo e doloroso período, com riscos de novas mágoas, novos ataques, novos fechamentos.

A reformulação de um casal pode ocorrer de forma mais prática e até mais rápida se:

- cada cônjuge quiser enxergar como contribui para as dificuldades;
- houver afeto entre os dois;
- nenhum deles estiver envolvido ou interessado em uma terceira pessoa;
- houver interesse e atração sexual entre eles.

Observei que existem, nas relações, quatro tipos de envolvimento básico, na busca de mudanças:

- *Casais que se esforçam para encobrir as dificuldades.* Independente dos motivos – como incapacidade de tomar consciência de seu funcionamento, medo do que pode ocorrer, receio de ser condenado, culpa pelos acontecimentos, desqualificação da importância ou da seriedade dos sintomas e atos –, o processo não se desenvolve. As conversas giram ao redor do que é de fato importante, sem a abertura de novas possibilidades, de novos ângulos.
- *Casais que estão em guerra.* Também não importam os conteúdos e as justificativas para a guerra, nem se é suave ou mortal. As conversas são um interminável e perigoso treinamento, para conseguir atingir e machucar o outro o quanto antes, de forma profunda. Cada um dos parceiros vai ficando mais hábil e ágil, em instrumentar-se para o ataque, a guerrilha, a destruição.
- *"Casais" que querem tornar-se de fato um casal.* Independente do tempo que estão juntos, não são um casal de verdade. Podem ter consciência disso, ou são as dificuldades e os sintomas, que apontam para tal questão. Pode ser que ela se comporte como "mãe" dele e ele como o "filho" dela; ou que sejam como irmãos ou amigos; ou não consigam assumir o casamento e prefiram ficar

"para sempre", cada um em sua casa e só namorando; ou que sejam recém-casados e não consigam assumir mudanças, responsabilidades e funções de casados. O trabalho desses casais é ir enxergando os aspectos de cada um, que precisam ser amadurecidos ou reorganizados, bem como todas as aprendizagens e recontratos, que necessitam fazer, para ocuparem um espaço de casal. A energia do trabalho é de descoberta e crescimento.

- *Casais que estão envolvidos em autotransformação ou desejam melhorar a qualidade da união e da vida.* Nesse caso, os parceiros já passaram ou passam por dificuldades. Sabem que a solução não é mágica nem indolor, mas acreditam, que estão no mundo para serem felizes, viverem com qualidade e fazerem diferença nos espaços que ocupam, na família e na sociedade. E querem isso. Independente do quanto necessitam mudar ou aprender, a emoção que acompanha esse trabalho, é de esperança e disposição.

As dificuldades podem servir de estímulo para aprendizagem e crescimento, seja em um processo terapêutico, seja na própria relação.

CICLOS E CRISES NO RELACIONAMENTO

Todo casamento tem crises específicas, mas existem algumas, que são comuns a todos eles. Parte das crises são previsíveis; elas ocorrem em função de mudanças e passagens pelos ciclos de desenvolvimento da família e pelas aprendizagens, que são necessárias em cada fase.

Algumas das crises previsíveis:

- *Crises na estruturação estável do casal.* É a etapa em que o par deixará de ser duas pessoas, que estão juntas e passará a sentir-se e mostrar-se como um casal. As relações com as famílias e os amigos precisam sofrer alterações. As tarefas do momento são ligadas a: que tipo de casal serão, que atividades desempenharão, qual contrato vão definir. A fase requer muitas negociações, tanto das questões do casal, como das ligadas às famílias, aos amigos e ao trabalho.

- *Crises na estruturação e na produção da família.* Incluem o nascimento dos filhos e a organização de uma vida familiar e de casal. Traz a necessidade de fazer ajustes, com o objetivo de criar espaço para as crianças e manter o espaço de casal, e dividir tarefas domésticas, financeiras e de educação dos filhos.

- *Crises da meia-idade.* O casal não tem mais, a mesma preocupação com a manutenção da prole e as questões profissionais. Os filhos saem de casa e os dois podem voltar a dar maior atenção à união. É a época de avaliação do que já fizeram, sabendo que ainda há a possibilidade de redefinições e novas escolhas. É importante saberem, que ainda existe tempo para quase tudo que desejarem, e é possível reorganizar os projetos de vida e retomar prazeres e objetivos adiados ou abandonados.

- *Crises ligadas à velhice.* O maior problema é aceitar as mudanças individuais e do casal, que se fazem necessárias, em face do declínio fisiológico. Pode ser um momento especial de revisão e integração da vida e das escolhas.

Além das crises previsíveis, podem haver outras:

- *Crescimento desproporcional dos cônjuges.* Um dos dois, às vezes, se desenvolve mais do que o outro. Isso ocorre por questões profissionais, de oportunidades ou de características pessoais. Parceiros podem usar as diferenças como estímulo para crescerem e aprenderem, ou deixar que sejam motivo para afastamento.
- *Acidentes com os filhos.* Casais que driblam diferenças e dificuldades de forma constante, podem entrar em crise, quando se deparam com acidentes ou dificuldades importantes com um filho. Por ser uma relação vital e os pais viverem situações de impotência, insegurança, falta de lucidez, as dificuldades do casal, antes tão bem escondidas, aparecem.
- *Acidentes com um dos cônjuges.* No momento em que um dos membros do casal passa por dificuldades e precisa de cuidados, vem uma fase difícil, em que o carinho, a compreensão e a paciência serão colocados à prova. A

necessidade de um ser cuidado e do outro cuidar, de um assumir sozinho tarefas e compromissos, às vezes, traz à tona carências e queixas escondidas. Existe o risco de o casal se perder no emaranhado de críticas, cobranças e mágoas.

- *Mortes e perdas de emprego e financeiras.* Cada parceiro terá sua forma de lidar com perdas. Eles podem piorar a situação, ao entrarem numa competição, alegando que seu modo de sofrer e de lidar é a melhor. Quando existe mágoa e culpabilização do parceiro pela perda, a situação ficará mais traumática.

- *Quebras de contrato.* Acontece, quando um dos cônjuges deixa de fazer o combinado. Pode ocorrer, intencionalmente ou pelas mudanças da vida. Saber que o acerto, que foi rompido, pode ser refeito, ajuda a negociar e evitar que a crise seja intransponível. O casal precisará lidar com a perda e o resgate de confiança, para que possa explicitar todos os ângulos da situação e negociar novos contratos.

Quanto antes o casal perceber os ciclos e as crises de seu casamento, mais chance terá de evitar que gerem desencontro e afastamento. Tais fatos, frequentemente servem também de estímulo para a reavaliação da união, trazendo novo ânimo para descobertas e mudanças. Se os dois enfrentarem as crises unidos, a relação sairá fortalecida.

RELAÇÃO DE CASAL E EXPECTATIVAS

Trabalhando com casais, sempre precisei lidar com o tema das expectativas, pois esse padrão – esperar que o outro realize, faça ou seja aquilo que se deseja – é um dos componentes que mais atrapalha as relações. Atualmente, esta questão tem estado mais consciente, para todos os casais com quem trabalho, e tem gerado muitas mudanças e reflexões.

É muito difícil, encontrar um casal onde as pessoas sabem usufruir do que o outro lhe dá ou faz, sem ficar preso na expectativa do que o outro deveria lhe dar ou fazer.

A pessoa que vive na expectativa do que o outro deve fazer, organiza sua vida centrado na outra pessoa e fica, completamente, vulnerável na relação.

Quem não vive na expectativa, está centrado em si mesmo, e o que o outro faz pode trazer melhoras ou pioras na relação, mas não o desestrutura.

Os casais que enxergaram que suas frustrações não vêm do sofrimento causado pelo outro, mas, sim, das expectativas que tinham e que não foram concretizadas, conseguiram usufruir integralmente de tudo que o outro lhe dá ou faz, e com isso melhorar a qualidade e felicidade da relação.

Enquanto estão presos na expectativa do que desejam ou esperam do outro, as mágoas, frustrações e desentendimentos florescem. Aprender a viver sem expectativas sobre o outro e usufruindo tudo que recebe, faz muita diferença.

As expectativas depositadas no outro são disfuncionais, porque facilitam que comportamentos de dependência, controle, cobrança se cristalizem no relacionamento, impedindo o desenvolvimento da autonomia, da responsabilidade, de escolhas conscientes.

Tendo em vista, que a relação de casal é o espaço onde aparece o pior e o melhor das pessoas, no crescimento dessa disfunção, surge a justificativa e o crescimento de atitudes, que nunca auxiliam a relação: mágoa, culpa, raiva, vingança.

O processo de mudança desse padrão começa, quando o casal enxerga, que suas maiores dificuldades estão ligadas à frustração das suas expectativas. Enxergar isso, é o primeiro passo, para resolver a questão. E, só então, é possível que cada um deles veja de que formas desencadeia e alimenta esse padrão do casal.

Nessa tomada de consciência, muito do trabalho é individual:

- Avaliar os sentimentos e dificuldades, que o fazem estar tão dependente de que o outro o supra;
- retomar todas as formas, que aprendeu na sua família de origem e na relação dos seus pais, esse mecanismo de ter expectativas, cobrar que o outro as cumpra, ficar magoado, rancoroso, vingativo, quando não recebe o que deseja.

Após isso, o trabalho do casal se direcionará, para experimentarem novas formas de lidar com desejos e preferências, sem ser depositando-os no parceiro. Perceber seus desejos e necessidades e explicitá-los para o parceiro, é uma forma de negociar e discutir, sem ficar preso na expectativa de que o outro os adivinhe e o supra. E cada um poderá auxiliar o outro, amorosamente, a enxergar, quando recai na expectativa, e juntos, tornarem a relação mais fluida, mais leve, mais prazerosa. E, mais fortalecida.

TPM E RELAÇÃO DE CASAL

De tempos em tempos, variam as "permissões culturais" para determinados sintomas ou quadros psicológicos e relacionais. Se em um momento são rejeitados, em outro passam a ser admitidos, sem maiores críticas ou autocontrole. A TPM, tensão pré-menstrual, é um bom exemplo disso.

A TPM afeta a vida do casal e, por isso, precisa ser abordada a dois.

Os sintomas típicos do período pré-menstrual deixam a mulher mais sensível e carente, e o homem mais impaciente e irônico. Numa espécie de jogo, um reage às ações do outro e a tranquilidade do casal vai para o espaço. Ambos precisam perceber, que alimentam as dificuldades e tentar mudar seus comportamentos para arrefecê-las.

É sabido que fatores fisiológicos e hormonais desencadeiam os sintomas pré-menstruais. Não vou discutir isso. Atenho-me aqui ao álibi, que a permissão cultural à TPM pode dar, para determinados comportamentos, gerados por ela e ao impacto deles, na vida conjugal.

Por muito tempo, ouvi queixas de mulheres sobre os sintomas dessa fase e a incompreensão do parceiro, em relação a eles. Também ouvi muitos relatos de homens sobre seu desconforto com relação às queixas e ao comportamento da companheira, no período em questão, e sobre a sua sensação de impotência, diante dele.

Aos poucos, fui enxergando como os sintomas da mulher e as reações do homem se tornavam um jogo retroalimentador, do qual nenhum dos dois saía ganhando, e nem conseguia parar. Passei a chamar esse fenômeno de *TPM do casal*.

A certeza de que, em determinado momento do mês, a mulher vai ficar mais irritada, mais sensível, mais agressiva, prepara o terreno para o parceiro se permitir ficar mais irritante, menos cuidadoso, mais irônico. E ela, sabendo que ele não vai acolher, amorosamente, seus sintomas, sente-se no direito de ficar magoada e fragilizada.

Não importa quem começa o processo, mas é importante procurar enxergá-lo, para tentar mudar os comportamentos. Assim, o temido período pode passar a ser aproveitado pelo casal, para descobrir novas formas de ficarem mais próximos, amorosos, cuidadosos.

As dificuldades emocionais e/ou sexuais, as carências com relação ao parceiro, a vida agitada e a sobrecarga de tarefas, que já fazem parte da vida da mulher, ficam exacerbadas nesses dias, com o aumento da sensibilidade. As lágrimas tornam-se difíceis de controlar e a irritação aumenta, assim como as expectativas de atenção e carinho – e tudo é agravado, pela certeza de que o parceiro não vai atendê-la.

Por sua vez, o homem, certo de que, aquilo que já não vai bem na relação piorará, nessa fase, e de que não vai conseguir fazer o que a parceira deseja, rejeita acatar as demandas dela. Em lugar disso, faz brincadeiras e ironias sobre a TPM ou faz exigências, cobranças de que ela deve ter comportamentos mais adequados.

O casal desenvolve uma sequência previsível de ações e reações. A hipersensibilidade dela aciona a impaciência dele, que desencadeia a carência dela, que traz à tona a carência e a cobrança dele e a mágoa dela. Os conteúdos podem variar um pouco, mas o mecanismo é o mesmo.

Casais, que conseguem enxergar esse jogo destrutivo, podem desmontá-lo.

A mudança pode ser individual – uma das partes percebe o que está havendo e desenvolve controle sobre sua parte na interação, ou conjunta – e, neste caso, será mais intensa e profunda.

Se os dois compreendem, que ambos colaboram, para construir as dificuldades relacionais, eles podem estabelecer uma parceria, para enfrentá-la, um mostrando ao outro o que incomoda e o que pode ser mudado.

O casal que adquire essa consciência, que percebe tratar-se de um processo a dois, consegue também construir várias estratégias para tornar a fase menos dolorosa e mais criativa.

SENTIMENTOS QUE AFETAM A UNIÃO

No momento em que as pessoas casam, levam para o relacionamento experiências emocionais arraigadas, desde a época da infância, que determinam o seu modo de reagir às situações. É importante que se tenha consciência desse fato, para poder compreender melhor o outro e procurar negociar, com ele, formas de convivência menos conflituosas e mais prazerosas.

Todos aprendemos a lidar com questões relacionais básicas, em nossa família de origem. Essas aprendizagens ficam inseridas no funcionamento de cada pessoa, ainda que ela tenha pouca ou nenhuma consciência disso. Na vida adulta, quando se iniciam os relacionamentos afetivos e conjugais, tudo aquilo, que ficou gravado no íntimo dos parceiros, reaparece na forma de comportamentos, desejos e sofrimentos.

É o caso das emoções e experiências relacionadas ao manejo da privacidade, da solidão e da rejeição.

Mesmo sabendo, que não existe um jeito correto de administrar esses sentimentos, cada um dos envolvidos reage a ele, da maneira aprendida na infância, como se fosse a melhor – e sofre ou se queixa, quando o parceiro tem outra forma de reagir.

Na maioria das famílias, não é comum ensinar às crianças, que rejeição é um aspecto relacional inevitável e importante. Geralmente se transmite, que é algo ruim, que machuca, e, portanto, deve ser evitado. O resultado é que elas chegam à vida adulta, com muito receio de serem rejeitadas e de rejeitar. Se tivessem aprendido, que esses sentimentos são naturais, que são até mesmo um direito relacional, e não encobrem maldade, safadeza ou desamor, teriam mais chance de se relacionar amorosamente, sem tanto receio de lidar com eles. E, quando fossem rejeitadas, saberiam que, naquele momento, o outro estava apenas querendo ficar só, dedicar-se a alguma atividade. E, quando elas mesmas não estivessem disponíveis, explicitariam seu desejo com sinceridade, com afeto e sem culpa. Rejeitar e ser rejeitado seriam só mais alguns aspectos da relação, que poderiam ser discutidos abertamente.

A maneira de encarar a solidão, também depende do que foi aprendido no funcionamento da família de origem, além, claro, da personalidade e das características de cada indivíduo. Se os parceiros aprenderam, que ficar só é uma forma de se fortalecer e se reorganizar, vão levar isso para a relação. Haverá, então, momentos de isolamento de cada um, e isso não representará risco. Ao contrário, as pausas na convivência, poderão ser usadas para avaliações da relação e da forma como se desenvolve. Agora, se a necessidade de ficar só, for de apenas um dos parceiros e trouxer fantasmas negativos de solidão, de rejeição e de abandono para o outro, este poderá sofrer, pois não compreenderá o desejo de sua cara-metade, e terá dificuldade de fazer bom uso da própria solidão e recolhimento.

Da mesma forma, a necessidade de privacidade, pode acabar se tornando um problema para o casal. Se o costume é dividir tudo, saber tudo do outro, o conflito pode surgir, se um dos dois colocar algum limite nesse padrão. A intimidade, que se tem, ao virar casal, é um elemento importante para experiências prazerosas, mas precisa ser permeada pelo respeito à privacidade. A invasão dela pode passar pela leitura de e-mails do outro, pelo controle do celular, por perguntas insistentes sobre o uso do tempo, enfim, pela necessidade constante, de saber mais e mais sobre tudo que o parceiro faz, pensa ou conversa.

A consciência de que cada um pode ter desejos e necessidades diferentes do outro, nos aspectos abordados aqui, é fundamental para que um casal negocie formas de aproveitar melhor as chances que tiver para aprofundar a relação e se sentir melhor no convívio mútuo.

SÓ AMOR NÃO BASTA

Culturalmente, as pessoas estão condicionadas a acreditar, que o amor é o mais importante em uma relação. A família ensina assim e a sociedade, de uma forma ou de outra, corrobora a crença. Mas, pensar dessa forma nem sempre é saudável, para quem vive um relacionamento.

Amor é bom, mas não é tudo. Claro que o sentimento é importante, mas está longe de ser tudo, numa relação.

Acreditar que ele basta, impede que os parceiros avaliem o compromisso conjugal com clareza e distanciamento, que enxerguem o que está acontecendo, naquele determinado momento da relação, e dificulta as aprendizagens e as mudanças.

Por carência, ilusão ou medos, muitas pessoas ficam em relacionamentos ruins, com a desculpa de que "se amam". O fato de considerarem isso o mais importante, faz com que não avaliem outros aspectos, importantes, também, que fazem parte de uma relação de casal.

Quando essa definição cultural se soma a dificuldades pessoais, a união vai se cristalizando e perdendo a possibilidade de ser reavaliada, redefinida, recontratada. Sacrificar a dignidade e a autoestima somente porque ama, não vale a pena.

Em nome do amor, suportam ser maltratadas, rejeitadas, desqualificadas. Convivem com a solidão a dois e com a falta de parceria (no uso do dinheiro, nos projetos, na divisão de tarefas). Ou toleram diferenças profundas de valores, de ética, de moral. O fato de haver amor acaba se tornando uma desculpa, para não tomar decisões, fazer escolhas ou responsabilizar-se.

Por mais importante que seja, o amor é apenas um dos elementos, que justificam uma relação. E não estou falando em paixão – aquele entusiasmo desorganizador, avassalador, que faz com que a pessoa só enxergue no outro o que lhe agrada e só mostre para o outro o que o manterá interessado. Estou falando de amor verdadeiro, forte e profundo. Aquele sentimento de pertencimento, de carinho e compaixão, de satisfação de estar junto, de compreensão e respeito pelas dificuldades do outro. Mesmo esse encantamento maduro não é suficiente, para manter um relacionamento saudável. Além dele – e, em alguns casos, mais do que ele –, precisa haver respeito, qualificação, parceria, projetos e objetivos comuns (o que inclui a aquisição de bens, a decisão de ter filhos ou não, e outras coisas, que envolvem os dois).

Os casais, que têm essa soma de elementos e também amor, são privilegiados. E sabem que vale a pena dedicar-se, esforçar-se, alimentar o amor e as outras características da relação, para manter e solidificar a parceria.

Para outros, o amor nem é o principal. A vida em comum, rica e agradável, basta. O sentimento amoroso acaba por ser alimentado, por todos os outros elementos. Nesses casos, quem enxerga a complexidade da situação pode, com maturidade e perseverança, cuidar da relação e torná-la, cada dia, mais plena e realizadora.

Agora, se um ou outro cai na armadilha de achar que o que tem é pouco, porque acredita naquela verdade pré-estabelecida, de que o amor é tudo, correrá o risco de se entregar aos melindres da carência e da fantasia, pondo a relação em risco.

Não se pode descartar uma união agradável e rica, por acreditar que não envolve amor suficiente. A vida a dois requer respeito, parceria, projetos em comum. Quando existe amor, melhor ainda.

Muitas possibilidades se abrem, para os casais, que ousam enxergar, que mais importante do que o casal se amar, é ele viver bem e feliz, num relacionamento, que traz aprendizagens e crescimento. Isso é uma relação plena.

ASSÉDIO E DISTANCIAMENTO

Uma pequena diferença entre preferências ou opiniões, que no começo da relação não atrapalha, pode se transformar num grande problema, com o tempo, pois as atitudes de um são reforçadas, pelas respostas irritadas do outro.

Quando um casal ultrapassa a fase da paixão, começa a pôr em ação seus padrões compulsivos de funcionamento. Tais padrões têm por objetivo organizar defesas, para manter a união e preservar os cônjuges de se confrontarem com suas dificuldades e impotências.

Um desses padrões, que aparece na maioria dos casais, pode ser chamado de "assédio e distanciamento". Nessa forma de relacionamento, um dos parceiros, o "assediador", busca crescente envolvimento, intimidade, contato, diálogo, sexo ou companhia, enquanto o outro, o "distanciador", procura cada vez mais, a separação e a privacidade.

Quanto mais o parceiro assediador requisita o outro, mais este se sente preso e maior é sua necessidade de escapar. Quanto mais o parceiro distanciador escapa, mais abandonado sente-se o assediador, e maior é sua necessidade de perseguir. O assediador acusa o distanciador de ser retraído e reservado, de não ser amoroso, de não querer se comprometer ou de temer a intimidade. O distanciador acusa o assediador de querer se agarrar a ele, de ser implicante e exigente e ter necessidade de controlar. O assediador sente-se abandonado e reage, perseguindo o outro. Em contrapartida, o distanciador sente-se acossado e se retrai.

Os exemplos desse jogo relacional são inúmeros. O conteúdo pode variar, mas o mecanismo se mantém. Alguns casais apresentam o esquema, no que diz respeito ao relacionamento com as famílias de origem: um quer a aproximação, outro prefere o distanciamento. Existem parceiros que mostram o padrão assédio X distanciamento, na vida sexual: um insiste que ela deve ser incrementada e o outro se recolhe. A mesma coisa pode acontecer na tal "D. R.: a discussão da relação": um acha que devem conversar, toda vez que se desentendem, enquanto o outro irrita-se e bate na tecla, que tais discussões são inúteis.

Um casal, com o qual discuti sobre essa forma de funcionar, conseguiu deixar claro o que levava os dois a repetir o comportamento. O homem explicou, que a cada dez vezes, que procurava a parceira para o sexo, ela consentia em uma; por isso, toda hora ele tentava. A mulher, por sua vez, argumentou, que o marido era tão insistente e repetitivo que, caso não se negasse, estaria envolvida com os desejos dele o tempo todo. E, assim, cristalizavam o padrão e as mágoas.

O primeiro passo para o casal sair desse "jogo do sem fim" é os cônjuges tomarem consciência que estão apresentando um problema comum, em maior ou menor proporção, a todos os casais. Isso os deixa mais tranquilos, facilitando enxergarem, quando e como desencadeiam o mecanismo.

Também é decisivo saberem, que ambos têm pontos de vista importantes e que o parceiro está tendo dificuldade em aceitá-los. Portanto, valeria a pena descobrirem formas diferentes de comunicar suas ideias e seus sentimentos. Precisam saber, ainda, que uma pequena diferença de desejos e opiniões, no início do relacionamento, pode aumentar a insistência do outro. Por exemplo: originalmente, o distanciador até tem alguma vontade de conversar, passar o tempo junto, dar afeto, fazer amor, envolver-se com as famílias. Porém, quanto mais é criticado, por não fazer tais coisas, menos quer fazê-las.

Ao enxergarem a situação sob esse novo ângulo, o casal tem condições de perceber como o comportamento de um desencadeia e mantém o do outro, e podem deixar de se acusar repetidamente, compreendendo que o problema resulta de uma construção de ambos.

No início, essa percepção não resolve a questão, mas possibilita que se converse sobre ela. A troca de ideias, desprovida de acusações, os ajuda a entender os desejos e sentimentos de cada um, antes que o padrão se repita. Com persistência, o casal pode desmontar o mecanismo. E, mesmo que não alcance esse objetivo, no mínimo haverá mais aceitação e menos raiva, quando a situação ocorrer.

QUEIXAS E DESEJO DE RECONHECIMENTO

Nas últimas décadas, a mulher mudou tanto e tão rapidamente de atividades, espaços e rótulos, que nem sempre consegue assumir, na relação de casal, todas as suas potencialidades e possibilidades. Muitas vezes, no afã de dar conta de ser mãe, dona de casa, profissional, amante, fica presa na armadilha da autoexigência e da culpa. E, como ocorre sempre que alguém se sente cobrado e culpado, acaba desencadeando em si, comportamentos de defesa e ataque. Assim, abre espaços para ser realmente criticada e cobrada. Aumenta a sensação de abandono, de sobrecarga e de incompreensão. Esses sentimentos podem impedir, que a mulher leve para a união, características femininas de novidade, movimento e leveza.

Para sair da correria e da ansiedade, que a roda-viva de tarefas, expectativas, desejos e obrigações impõem, ela precisa sentir-se competente e amada. Toda mulher gosta de ganhar carinho, de ter com quem conversar, de ser entendida, elogiada. Gosta, também, de sentir-se bonita e querida. Amigos e a família podem suprir essa "demanda", mas nada melhor do que um namorado ou marido amoroso e qualificador, para preencher tal requisito.

Quando o casal está no início do relacionamento, é fácil para os parceiros dar carinho e estar disponível, para as necessidades do outro. Da mesma forma, é fácil ser amoroso se tudo corre bem, se ambos estão descansados e tranquilos. Com o passar do tempo, e o acúmulo de desencontros, as carências não supridas vão machucando mais, e se perde a visão do outro e de sua realidade.

Um homem, que compreenda isso, tem mais condições de se exercitar em olhar a mulher, sem a viseira das próprias necessidades e desejos não atendidos, e trazer à tona aspectos, que poderão reativar e recriar o interesse e o encantamento da relação. Com sua atitude, incentivará a mulher a também oferecer ao relacionamento aspectos, que o enriqueçam.

Tentar "ouvir" o que está por trás das frases repetidas com insistência, e procurar enxergar o que a mulher precisa e não encontra espaço para pedir, são bons métodos para conhecê-la melhor e ajudá-la a ser mais feliz.

Um homem, que tenha contato com a própria sensibilidade, saberá enxergar os sentimentos e as dificuldades embutidas nas queixas, nas desculpas e nos sinais de infelicidade da parceira. Se ela reclama, que tem muito para fazer, talvez esteja querendo dizer, que gostaria da companhia dele em algumas de suas atividades, ou que adoraria se ele valorizasse o que ela faz, ou, simplesmente, que saiba, que é ela quem dá conta daquelas tarefas todas. Talvez só esteja querendo ser reconhecida. Se ele olhar a situação sob esse ângulo, verá que, não custa nada, elogiar e agradecer. Ou fazer qualquer outro movimento de qualificação.

Se o homem aproveitar essas reflexões e olhar a mulher amorosamente, terá condições de ver – além da rotina, das dificuldades e das diferenças – uma pessoa, que acrescenta experiências e sentimentos na sua vida. Isso talvez mude não só a relação, como, também, as pessoas envolvidas nela.

Um casal, que fica atento para tais aspectos do relacionamento e altera a sua mecânica – ele mostrando o desejo de compreendê-la, auxiliá-la e qualificá-la, ela aceitando a forma, que ele escolhe para fazer isso –, cria novas possibilidades relacionais de crescimento e de descobertas, que só enriquecerão a ambos.

SOLIDÃO NA RELAÇÃO DE CASAL

A relação conjugal é aquela em que as pessoas depositam a maior parte de suas esperanças. Por isso, talvez, seja nela em que mais se sentem solitárias. Se o casal estiver bem, a solidão será mais suave e mais administrável. Mas, se estiver mal, em vez de compreender, que se trata de um problema individual, inevitável, o solitário vai culpar o parceiro ou a relação, pela situação. Por todas as dificuldades que podem ocorrer, pelas mágoas e distanciamentos, um dos parceiros vai se fechando, sentindo-se solitário e acaba deixando o outro, igualmente sozinho e solitário.

Especialistas acreditam que, sob alguns ângulos, a solidão do homem parece mais árida do que a da mulher, devido à maternidade. É comum ela erguer uma parede em torno da relação com o filho, e deixar o companheiro de fora. Ele se sente isolado, dentro da própria casa, e não participa do que ocorre à sua volta. Diante disso, existe o perigo até da relação naufragar.

Por outro lado, o principal motivo para a mulher se sentir sozinha é o fato de não ter as suas ações e seus sentimentos compreendidos pelo parceiro.

A solidão aparece:

- pela impossibilidade de compartilharem tudo;
- porque, sem razão aparente, existem determinados momentos, nos quais a solidão dói mesmo;

- pelo fato de que há dores da alma e do coração, que não podem ser explicadas;
- e, enfim, porque a frieza, a incompreensão e o , vindos de quem está perto, doem mais.

Se os parceiros têm consciência de que, mesmo estando juntos, a solidão é inevitável, podem se organizar e desenvolver antídotos, para tais situações. Sentir-se compreendido por seu par, traz bem-estar e alivia a solidão. Para isso, pequenos comportamentos são fundamentais:

- ouvir sempre o que o outro diz,
- interessar-se pelos assuntos de que ele gosta e,
- prestar atenção na forma como se expressa.

Aprender a participar da dor, da "loucura" e da ansiedade do outro, sem entrar na mesma angústia, ,ajuda bastante. Ter certeza, de que pode "soltar o corpo" e que será amparado pelo outro, alivia a solidão e outros pesos do dia a dia.

É fundamental, ainda, se esforçarem para que os sonhos pessoais tenham espaço na vida conjunta, de forma a manter e desenvolver a esperança, o desejo de mudanças, os alvos fantasiados. Isso faz diferença, na forma de lidar com a solidão e possibilita, que os projetos comuns do casal não impeçam os pessoais

Se os parceiros se organizarem, para ter rotinas e lazer, que atinjam o que um e outro preferem, vão desenvolver atividades, que possibilitem o prazer de ambos. Nesse caso, se algum deles tiver de abrir mão de algum desejo, não será desestimulante, pois saberá que, em outro momento, o seu foco será privilegiado.

Saber que há coisas que não podem ser compartilhadas, é um dos elementos, que fortalece a relação de casal e evita que um queira conhecer tudo, que o outro sente e pensa. Essa impossibilidade de compartilhar tudo, ocorre também, porque nem sempre temos consciência do que estamos sentindo, ou do que desencadeou determinado sentimento. Sabendo disso, cada um poderá mergulhar na sua dor e solidão, quando acontecer, sem a preocupação de se justificar para o parceiro ou a parceira.

Dar colo ao outro, quando sofre de solidão, sem fazer perguntas e sabendo que, quando se sentir solitário, também será acolhido, pode melhorar a relação e possibilitar que cada pessoa se permita sentir e viver suas emoções, sem autocríticas nem exigências.

BRIGAS NO CASAL

É comum ouvir, "casais, que se amam, não brigam". Não é verdade. Casal que se ama de verdade usa as brigas, para melhorar a relação. As brigas podem ser enriquecedoras. Elas são uma forma de os parceiros mostrarem as suas características e seu potencial, manterem a privacidade e a individualidade. Mas, se eles se envolvem demais na atividade de brigar, o amor e o relacionamento correm perigo.

Não há receita, para manter uma relação feliz. Mas parceiros que se propõem a aprender e a crescer juntos, com certeza, serão capazes de criar novas formas de lidar com as brigas e o entorno delas. Ao descobrir, que nem sempre são desastrosas, podem até ser úteis, é provável que comecem a usá-las, de maneira construtiva.

As brigas são perigosas, quando o casal se envolve tanto na atividade de brigar – atacar, defender, instrumentar-se e arranjar argumentos – que perde de vista a união e o afeto mútuos. Estas brigas, com certeza, são desnecessárias, inúteis, porém não inócuas, porque deixam sempre uma marca de dor, mágoa e desgaste na relação.

As brigas são inúteis, quando repetem sempre o mesmo conteúdo, a mesma forma, e não ajudam os parceiros a enxergar novas saídas. Quando trabalho com casais, um dos parâmetros que emprego, para avaliar a saúde relacional, é mapear se eles brigam por questões atuais ou por razões, conteúdos, opiniões e fatos do passado. Mais funcionais são os que brigam por questões do presente; menos, os que repetem sempre a mesma questão.

Em um relacionamento, as brigas podem ser uma forma de os companheiros se fazerem conhecer, de apresentarem sua forma de ser e seus questionamentos e dificuldades, para o parceiro.Também é uma forma de lutar, para manter a privacidade, o espaço e as opiniões. São aspectos importantes e enriquecedores da união.

Evitar desentendimentos pode ser a principal causa de deterioração da relação e impedimento da intimidade. Se uma pessoa temcompulsão para evitá-los, está presa na mesma armadilha de outra, que briga, compulsivamente, por qualquer detalhe. Como se trata de compulsão, as duas atitudes são mais fortes que o afeto e o espaço da relação.

Para que uma briga seja útil, os parceiros precisam aprender a:

- expressar a raiva sem atacar, destrutivamente, a união;
- não aplicar "golpes baixos";
- não insultar;
- não desenterrar problemas antigos;
- não despejar sobre o companheiro queixas e frustrações acumuladas;
- expressar sentimentos, não acusações;
- fazer apenas críticas construtivas;
- ouvir e reconhecer o que o parceiro acabou de dizer, em vez de argumentar logo, em contrário.

Depois de cada briga, ao baixar a poeira, os dois devem se propor a conversar, para compreender o que ocorreu. Assim, terão mais conhecimento de si e do outro, além de maior possibilidade de controle, a fim de evitar brigas estéreis.

O conhecimento de que cada um pode cometer erros e descontrolar-se, vai ajudar ambos a se empenharem, para se recuperarem. Isso pode ser feito, por meio da conversa, sobre o modo como os dois cometem erros e os efeitos que produzem.

Como as brigas são inevitáveis, o casal deve treinar, a fim de buscar maneiras mais adequadas para elas. Uma das formas de melhoras é usar pequenas regras de funcionamento, nessas ocasiões. Que podem ser:

- não fazer perguntas, usando "por que", pois significa censurar, o que não ajuda em nada;
- procurar ater-se a um tema, sem lembrar de outros, que também incomodam, pois isso tira o foco e desestrutura a questão, que está em discussão;
- não trazer à tona assuntos do passado: o problema é o que ocorre agora, não o que poderia ou não, ter havido em outros tempos;
- não interromper, dando chance à outra pessoa de terminar seu pensamento.

Aspecto igualmente importante é que, nesses momentos, as pessoas deixam de lado muitas de suas máscaras sociais, e aparecem mais com suas verdadeiras características, tanto as melhores, como as piores. Elas podem usar essa real fotografia do seu funcionamento, para mapear o que poderia ser melhorado, no aspecto comum e também no individual.

Sempre haverá alguma coisa, que fará um dos parceiros explodir. Portanto, em vez de se dedicar inteiramente a evitar as brigas, como se vê, é possível desenvolver a habilidade de se recobrar e de tirar proveito delas.

CIÚME NA RELAÇÃO DE CASAL

O ciúme pode ser positivo e necessário. Ele é a consciência de uma distância ou de uma interferência, numa relação de compromisso. Em geral, aparece, quando sentimos que nosso parceiro não está tão ligado a nós, como gostaríamos. Então, é uma indicação de que alguém ou alguma coisa se interpôs entre nós, e os laços ficam mais frágeis.

Mas, também pode ser entendido como um sinal de alerta. Uma espécie de "luz vermelha" a indicar, que algo está falhando. Seja em um ou no outro, seja na relação, algum distanciamento é denunciado pelo ciúme. Quanto mais intenso e menos controlável, maior o problema.

O sentimento pode ser benéfico, sobretudo se ocorre em uma união consistente, e provoca um comportamento de aproximação dos companheiros. Pequenos jatos de ciúme, as vezes, funcionam como uma cola, que os une e previne qualquer tendência natural ao afastamento. Mas, quando o ciúme ultrapassa os limites do bom senso, provoca sofrimento para as pessoas envolvidas. E, até é possível que leve ao término da relação.

- O sentimento pode ser demasiado por várias razões. A primeira delas é *uma interação matrimonial perturbada*. Nesse caso, trata-se de casais que funcionam com base no "estar no controle", em "ciúme-infidelidade-ciúme", entre outros padrões, que dão lugar à escalada, cada vez maior, de crises de ciúme.

- A segunda razão para o sentimento são os *contratos mal feitos,* em que aspectos importantes não são ditos, desejos não são explicitados, nem bancados, restrições não são negociadas. Isso leva, frequentemente, à crises repetitivas e profundas, na relação.
- A terceira razão são as *dificuldades emocionais particulares, de cada um dos parceiros.* Indivíduos com sérias deficiências em sua estruturação de personalidade terão menos habilidade, para lidar com relacionamentos e com todas as vertentes "perigosas" que existem, como desacertos, rejeições, desavenças. Podem, ainda, sentir-se perseguidos e traídos, o que alimenta o excesso de ciúme.

Para a pessoa consciente, o sentir-se tomado pelo ciúme a levará a questionar sobre sua maneira de se relacionar, amorosamente. Pode tirar daí conclusões importantes, a respeito de sua forma de ser. O ciúme, provavelmente, contém um elemento de dependência e de medo do abandono. Pessoas que sofrem com o sentimento, podem aproveitar os momentos em que o ciúme surge, para se perceberem como são, como manipulam, como impelem contra as melhores intenções e aspirações, contra os melhores desejos. Isto é: utilizar as crises, para se dar conta da direção para a qual o ciúme conduz. Ficar atento a essas pistas, muitas vezes altera a relação consigo mesmo e, portanto, a atitude quanto ao parceiro.

Já os ciumentos inconscientes constituem um problema à parte. Eles permanecem em vigília o tempo todo, sempre muito tensos, aflitos. Tomam atitudes, muitas vezes destemperadas. Estão sempre, procurando uma forma de confirmar as suspeitas, a respeito do parceiro ou da parceira.

Em questão de ciúme, a linha divisória entre imaginação, fantasia, crença e certeza se torna vaga e imprecisa. As dúvidas podem se transformar em ideias supervalorizadas ou delirantes. A pessoa é compelida à verificação compulsória de suas dúvidas. Ciumentos, entre outras atitudes, fazem questão de confirmar onde o parceiro ou a parceira está, e, se está mesmo, com quem disse que estaria; abrem correspondências e ouvem telefonemas; examinam bolsos, bolsas, carteiras, recibos, roupas íntimas. Seguem o companheiro ou a companheira. Até contratam detetives particulares, para vasculhar o dia a dia dele ou dela. Toda essa tentativa de aliviar sentimentos, além de ridícula para o próprio ciumento, não ameniza o mal-estar da dúvida.

O casal que consegue conversar sobre seus ciúmes e suas consequências, pode prevenir dificuldades e enriquecer o relacionamento, além de se aprimorarem como pessoa. .

DIFICULDADES SEXUAIS

Uma boa vida sexual não é garantia de que o casal não terá problemas em outras áreas, mas, certamente, o torna mais unido e isso pode ajudá-lo, a enfrentar certas questões familiares ou conjugais. Por outro lado, se a vida sexual não é boa, fica comprometida a parceria tão necessária, nos momentos de adversidade. Por isso, as dificuldades sexuais não devem ser ignoradas ou menosprezadas.

Dificuldades ligadas ao desempenho sexual, muitas vezes, aparecem como reflexo de questões mal resolvidas em outros níveis do relacionamento. É possível que um dos parceiros esteja, inconscientemente, se utilizando da frustração na cama, como símbolo de ressentimentos não expressos; ou que as dores sejam uma forma de dizer, que não está se sentindo bem recebido e qualificado; ou qualquer outro sintoma, simbolizando uma dificuldade relacional. Com certeza, o diálogo é a melhor maneira de esclarecer a situação e revertê-la.

A sexualidade pode realimentar o casamento, pois o sexo é uma forma de expressão afetiva, e o carinho, a compreensão e a admiração, também realimentam a sexualidade. Quando o casal partilha ideias, cultiva a compreensão e a gentileza, tem ideais e projetos em comum, "ir para a cama" é fácil e estimulante. Se a rotina conjugal é de discussões, desqualificações, cenas de ciúme, desconfiança, o sexo pode continuar acontecendo, mas como um compromisso ou uma descarga biológica, para aliviar a tensão. Nesse caso, é fatal que surjam dificuldades.

As pessoas são movidas pelo instinto de relação, e a sexualidade é um dos instrumentos relacionais. Assim, o distúrbio sexual pode ser a parte visível, perceptível, de problemas relacionais mais amplos. E, quando aparecem, podem piorar as coisas: o impulso sexual une as pessoas, mas as questões e dificuldades relacionais afastam-nas.

Se um casal tem dificuldades sexuais e está disposto a lidar, honestamente, com a questão, chegará à compreensão dos entraves da relação. O conteúdo sexual mostra, metaforicamente, o que ocorre entre as duas pessoas e que, por não ser expresso diretamente, se transformou em um distúrbio sexual. A falta de respeito pelas características do parceiro, por exemplo, pode aparecer como falta de interesse sexual – e, a mágoa pela desqualificação sofrida pode se mostrar, por intermédio da ejaculação precoce ou da ausência de prazer. A supressão do diálogo pode resultar em desajustes, na hora do sexo.

Sendo a mais íntima forma de contato entre duas pessoas, a relação sexual tem forte potencial simbólico. A intimidade realça eventuais conflitos e dificuldades dos parceiros ou da relação entre eles. Muitos sentimentos – e ressentimentos – não expressos, acabam chegando à cama, na forma de um distúrbio sexual. Casais que não discutem e não negociam suas diferenças, mas preferem, pôr panos quentes nos assuntos conflitantes, varrê-los para debaixo do tapete ou empurrá-los com a barriga, vão armazenando mágoas, que podem virar desejo de vingança. Tal desejo, às vezes, aparece como ejaculação precoce, dificuldades de ereção e de orgasmo, vaginismo, dificuldade de orgasmo, falta de desejo, passividade. O processo, em geral, acontece silenciosamente, e sem consciência dos envolvidos. Algumas vezes, um dos parceiros até tem ideia do que ocorre. É comum, também, que, mesmo percebendo que há algo errado, o casal prefira não dar importância ao problema.

No fim das contas, frustrar o cônjuge ou apontar as falhas dele, por meio de relações sexuais fracassadas, pode ser um bom plano de vingança inconsciente, ou uma forma de alertá-lo de que o relacionamento vai mal. Na maioria das vezes, vem acompanhado de álibis protetores e poderosos, sem que se tenha consciência da armação. Dores de cabeça, cansaço e estresse surgem como boas desculpas.

A questão mais séria dessa situação é que ela pode se transformar numa bola de neve: quanto mais desacertos na cama, mais dificuldades relacionais; estas, por sua vez, acarretarão mais problemas sexuais, que trarão mais desencontros nos outros níveis da relação. Se não for interrompida, essa roda-viva só faz aumentar as mágoas e a solidão.

PARA ENFRENTAR A INFIDELIDADE

Existem muitas maneiras de encarar a infidelidade. Cada casal tem a sua. Mas sempre acontecerão dores e perdas para ambas as partes e, também, a necessidade de reavaliar a relação. Inicialmente, cada um precisa aprender a lidar com os próprios sentimentos e procurar compartilhá-los com o parceiro ou a parceira. É preciso clareza. E, saber que talvez a partir dessa experiência, os dois possam melhorar, individualmente, e se reencontrar.

A infidelidade é uma quebra da confiança, o rompimento de um acordo. Mas, que comportamentos geram essa quebra? Existem inúmeros parâmetros externos para essa definição, porém o que importa mesmo, são os valores de cada casal. Já ouvi definições muito variadas e diferentes.

Para alguns, a infidelidade é motivo para encerrar a relação e para outros, estímulo, para se recriarem. Há os que sentem uma dor tão forte, que passam o resto da vida presos nisso, e os que, mesmo sem esquecer, não cristalizam esse luto.

No caso de não conseguir esquecer, seja por causa das suas próprias dificuldades emocionais, seja pelo inusitado da situação, a vida íntima e o dia a dia transformam-se em profundo sofrimento:

- a dor da traição é revivida em cada desacerto, em cada situação semelhante;

- as pequenas vinganças, mesmo que inconscientes, envenenam o relacionamento;
- sinais são procurados ou criados, a todo momento;
- a desconfiança é mesclada com a exigência de provas de fidelidade.

Nessa situação, os parceiros precisam avaliar a continuidade da relação. Se optarem pela separação, o esforço deve ser direcionado, para avaliar todos os itens– necessidades, desejos, questões materiais, filhos, contratos e acertos – e não apenas a infidelidade, a dor, o desejo de sumir, da convivência com o outro. Dessa forma, conseguem encerrar uma etapa da relação, mas não desqualificam as fases boas, a aprendizagem e as realizações do casal.

Quando, apesar do susto e das dores, o casal consegue se reencontrar, poderá usar esse fato tão difícil, para melhorar o relacionamento e, individualmente, perceber mais de si e do outro.

Alguns passos fazem parte desse processo:
- o primeiro passo é lidar com a própria dor, pois não importa de que lado esteja, sempre haverá dores e perdas;
- é importante, também, tomar consciência dos outros sentimentos, que forem surgindo, comuns a ambas as partes: raiva, culpa, desejo de vingança, medo e insegurança;
- pensar em suas crenças, com relação à fidelidade/infidelidade e o que sabe sobre as de seu parceiro ou parceira.

Essas etapas podem acontecer com ajuda técnica ou só entre o casal. Importa é que compartilhem essas vivências, que não fiquem fechados em sentimentos e mundos paralelos.

Nesse compartilhar, podem abrir seus corações sobre experiências anteriores e familiares, ligadas à infidelidade, sobre sua fantasia/crença do que levaria alguém a trair o parceiro. Assim, o casal se prepara para definir o futuro:

- o que vai fazer com a cicatriz emocional da traição;
- que novos contratos precisa fazer;
- que cuidados tomar;
- como fará o acompanhamento dessa nova relação, que vai construir.

Se for possível compartilhar com o parceiro ou a parceira suas questões sobre infidelidade, o casal pode estabelecer atitudes na vida conjugal, para evitar que situações de traição ocorram com facilidade.

No caso de pessoas que têm compulsão a ser infiéis, é importante avaliar sua responsabilidade. Muitos álibis existem para "explicar"e "permitir" as traições. Desde a flexibilização moral da sociedade, até traços de personalidade, chegando ao pretexto de dizer, que a infidelidade serve para proteger de outras dores. O importante é que a pessoa infiel possa enxergar seus álibis, responsabilizar-se pelo seu comportamento e consequências. E, buscar ajuda profissional no caso de não ter controle sobre seu comportamento.

RESPEITAR O LUTO PELO ROMPIMENTO

Separações e recasamentos já não causam estranheza. Em todas as famílias, convive-se tanto com rompimentos, como com novos relacionamentos. Até mesmo os filhos, que são os que mais sofrem com problemas nessa área, hoje aceitam as novas configurações familiares, mais facilmente. Ainda assim, ao se pensar em uma nova relação, após o encerramento de outra, cabe fazer algumas reflexões e tomar alguns cuidados.

A primeira questão fundamental é respeitar e suportar a fase de luto pós-rompimento. Por pior que a relação tenha sido, e mesmo que o final traga alivio, o rompimento traz dores inevitáveis. Essas dores vêm dos projetos frustrados, das raivas reacendidas, das culpas irracionais, das perdas de todos os tipos. Tudo isso, mais as dificuldades específicas de cada caso, provocam sensações dolorosas.

Uma pessoa madura vai vivenciar esses sentimentos e vai se permitir:

- chorar a dor das perdas;
- expressar a raiva que surgirá;
- limpar a culpa, que sempre se instala;
- para, só então, refazer novos projetos relacionais.

Quem não vivencia a dor da separação – e entra em outro relacionamento, ainda sob o impacto de frustrações mal digeridas – não consegue administrar a interação dos vínculos anteriores, com os novos e, tampouco, ter tranquilidade, para avaliar o que quer, e o que não quer de um futuro parceiro. Isso tudo aumenta o risco, de que certos erros do passado se repitam.

Quem não suporta viver esse período de luto, corre o risco de sair em uma corrida desenfreada, para colocar alguém no lugar do cônjuge perdido. Dessa maneira, vai começar uma nova relação, ainda preso às frustrações e às expectativas da anterior.

Aprender a viver sozinho e a lidar com a solidão, são duas importantes tarefas no crescimento emocional e podem ser treinadas nessa fase pós- separação.

Em função das dificuldades na relação anterior e do desejo de acertar, dali pra frente, muitos passam a idealizar o próximo relacionamento. Nessa fantasia, correm o risco de não enxergar o novo parceiro, com olhos de realidade. Podem esquecer, que nem ele nem o outro são "zero-quilômetro". Desejam uma relação sem problemas e funcionam como se os filhos, ex-parceiros, famílias anteriores não existissem, ou têm desejos impossíveis, de que eles não atrapalhem, não tenham necessidades, nem dificuldades.

Saber – e sempre lembrar – que na nova parceria estarão incluídos os vínculos anteriores, mesmo que de forma distante, ajuda a fazer contratos claros, a lidar com os sentimentos e a prevenir dificuldades.

Não forçar aproximações é também um cuidado importante. Os novos companheiros são íntimos e afetivamente envolvidos, mas não o são dos filhos, dos familiares e dos ex-cônjuges. Uma relação harmoniosa não é necessariamente uma relação de encontros frequentes e de intimidade, entre todos os envolvidos. Cada um deve ser aproximado na sua própria medida, respeitando suas disponibilidades e características. Os filhos, principalmente, não podem ser envolvidos na nova relação do mesmo modo, como se todos fossem um só, recebendo as mesmas informações e tendo o mesmo tipo de contato com o novo parceiro de seu pai ou mãe; cada um precisa ser informado e respeitado dentro das suas próprias características, disponibilidades e dificuldades.

Outro ponto a ser considerado é uma preparação para fazer contratos claros. Para isso é preciso ter consciência do que quer, e do que não quer, na nova relação, e ter claras as concessões, que está disponível a fazer. Só então será possível examinar o novo parceiro, e avaliar quais itens serão fáceis na convivência e quais precisarão de discussão e negociação mais elaborada.

Tomando esses cuidados, a nova relação amorosa poderá ser uma fonte de prazer e crescimento, livre dos tormentos da anterior e, na medida do possível, das armadilhas do imprevisto.

VOLTA APÓS SEPARAÇÃO

Certas separações são muito bem pensadas e planejadas. Outras são impulsivas. Algumas acontecem por desesperança. Outras, por infantilidade. Mas todas, praticamente sem exceção, resultam dolorosas e deixam marcas nos envolvidos. Mesmo assim, às vezes, após um período separados, os ex-parceiros desejam voltar à relação.

Antes, porém, ambas as partes precisam refletir sobre o que levou a relação a tal ponto de se separarem, e sobre como podem contribuir para torná-la construtiva, outra vez. A retomada de uma união é um momento em que o casal deve reavaliar contratos e promover o crescimento da autoconsciência e do autodesenvolvimento de cada um.

Se alguns casamentos não dão certo, isso também pode acontecer nas separações. E, se ambos querem retomar a união, não há razão, para não empreender a tentativa. Nesse caso, porém, é necessário compreender, que o momento representa a oportunidade, de levar a união a um novo patamar. A hora é preciosa, para rever os contratos e para o aumento da percepção e do conhecimento dos parceiros. Não importam quais foram as razões e as intenções da separação, nem quanto tempo ela durou ou como foi o relacionamento do casal, durante o afastamento. Voltar à vida em comum é uma chance de adotar novos comportamentos, no padrão de funcionamento do casal, de mudar, não só na aparência ou por entusiasmo, fantasia, impulso, mas, de tomar a decisão e agir de forma consistente e responsável.

Quando ainda há dúvida sobre se é o caso de retomar ou não a relação, é de grande importância que cada um faça uma avaliação pessoal e criteriosa, de como foi o relacionamento e das razões, que levaram à separação.

É comum que, enquanto juntos, os envolvidos não se deem conta das possibilidades que a convivência traz, como o desenvolvimento de habilidades e o controle das compulsões. Bom caminho para percebê-las é cada um refletir sobre o que aprendeu no relacionamento, o que poderia ter aprendido e não aprendeu e, nesse caso, o que minou a oportunidade de crescer e aprimorar-se. Casais separados, que pensam em voltar, devem fazer esse exercício.

A pior coisa que o casal pode fazer, é retomar impulsivamente a relação, ou ir ficando junto até voltarem, sem uma avaliação criteriosa. Os passos a seguir podem ajudá-los a tomar uma decisão mais consistente.

- *Sobreviver bem a um final de semana sozinho.* É um treino para lidar com a solidão, com a dependência e a independência, com a redescoberta de desejos, de interesses. A experiência ajuda a saber, se a volta é movida, realmente, pelo desejo de retomar a relação ou pela dificuldade de ficar só.
- *Planejar a volta.* Pensar no que precisa ser mudado, para que a relação não desemboque de novo, num conflito incontornável. Avaliar o que é real, o que é teórico e o que é utopia, nos seus desejos e planos, assim como as viabilidades e os riscos. Ao planejar a volta e fazê-la gradativamente, sem afobação, a pessoa aumenta a consciência e a responsabilidade pela relação e pelos próprios movimentos dentro dela.

- *Negociar.* Lidar com os dados da realidade. Na pressa de retomar o relacionamento, é grande o perigo de aceitar aspectos inaceitáveis ou fazer de conta, que os está aceitando. Ao avaliar todos os ângulos de perdas, desejos, dificuldades, o casal vai poder negociar as trocas, as concessões, enfim, os aspectos mais difíceis da relação.
- *Executar.* Como casar ou ir viver junto foi um ritual, a volta também pode ser. Não um ritual exterior, social, mas entre os parceiros. A partir dos passos planejados, entra-se num recasamento, possibilitando novos contratos e experiências.

Agir com essa calma e respeitar esses passos, são atitudes fundamentais, em qualquer volta. A idade da relação não importa. O que vai pesar no sucesso da empreitada é o bom uso, que cada um pode fazer do relacionamento e da companhia do parceiro, para seu autoconhecimento e aprimoramento.

VOLTAR A SER CASAL

Trabalho há tanto tempo com terapia conjugal que, naturalmente, comecei a refletir sobre as mudanças nas dores e nas buscas, que os casais têm, quando procuram terapia. No inicio do trabalho com casais, eles vinham para a terapia, quando a situação não tinha mais solução. Psicoterapia era algo não muito comum e buscar terapia de casal, era algo muito pior. Só faziam isso, quando não tinham mais como esconder a dificuldade – uma traição vergonhosa, uma decisão irrevogável de separação, violência. E a situação era de muita dor, vergonha e muito poucas possibilidades de ajuda ou de retomada.

Depois o perfil mudou. Passou a ser interessante fazer terapia de casal, passou a ser a "salvação da lavoura". E, muitas situações se resolveram, muitos casais se reencontraram, muitas famílias se reconstruíram.

Mas, também, surgiram algumas armadilhas:

- muita gente veio forçada – "se não fizermos terapia de casal, vou me separar";
- muita gente veio fingindo – "sou tão bonzinho, que até pra terapia eu vou";
- muita gente veio buscar um juiz, que tomasse seu partido, e mostrasse, que seu lado era o certo; e
- outros tantos buscando uma mágica – "que tudo mudasse, sem dores, ou sem mudar nada".

E, depois, veio a fase dos casais, que descobriram que a terapia de casal poderia ser o espaço e a forma de:

- melhorarem a qualidade de vida deles;
- prevenirem dificuldades;
- enxergarem a forma, que agiam e funcionavam e, assim, poderem aprender novos comportamentos;
- aprenderem a ficar juntos de forma prazerosa e usando o relacionamento, para aprimorarem e evoluírem; e,
- no caso de não continuarem juntos, aprenderem a se separar de uma forma amigável e adequada.

Nos últimos tempos, um outro tipo de casais tem vindo à terapia. Casais com muitos anos de casamento, com uma vida comum interessante, com muitas conquistas pessoais, mas com uma vida de casal muito deixada de lado. Trabalharam muito, conquistaram muito mas perderam ou não construíram a intimidade e a amizade necessária, para a fase de filhos adultos, de patrimônio garantido. Num primeiro momento, o que aparece são mágoas profundas, solidão e desesperança. Mas, sempre acompanhado de um desejo de não abandonar a relação. Independente de quais razões, eles têm para não quererem se separar, tenho me surpreendido com a energia e a determinação que encontro, quando conseguimos estabelecer alguma ponte, entre o afeto do início do relacionamento e o desejo atual de ficarem juntos. Estas pessoas, que chegam perguntando – "será que ainda dá para salvar algo?" – "será que o outro vai de fato mudar o seu jeito?" – conseguem se colocar como agentes dessa mudança, se propondo a fazer o primeiro movimento; a parar de olhar o que lhe incomoda, e olhar o que incomoda ao outro... e se propor a deixar de fazê-lo; a ousar fazer um carinho, que sabe que o outro está esperando há anos, mesmo com medo de ser rejeitado.

Recuperar a intimidade, a cumplicidade, a sexualidade, e os projetos de casal, são tópicos importantes desse trabalho. Bem como aprender a mantê-los, no passar do tempo e na solução das dificuldades externas ao casal, que certamente surgirão.

Os anos de casamento, muitas vezes, encobrem expectativas frustradas, mágoas acumuladas, carinhos congelados. Mas, quando, pelo menos um deles, consegue se dispor a remover essa cobertura, cuidadosamente, é possível recuperar a vida da relação. Alguém precisa querer. Se os dois estiverem envolvidos na tarefa, mais fácil será. Mas, basta que um queira, para poder começar a empreitada e aos poucos, seduzir o outro a se engajar.

Não existe mágica para resolver as dificuldades, quando elas não foram atendidas de forma preventiva, mas, mesmo que a tarefa de voltar a ser casal possa ser árdua, não há dúvida de que vale os sacrifícios.

PRESENÇA DOS PAIS NA VIDA DOS FILHOS CASADOS

Quem já passou por isso, sabe: o exercício de ser pai ou mãe fica muito mais difícil, quando os filhos tornam-se adultos e se unem a outras pessoas, para formar uma nova família. Nesta hora, eles vão colocar em prática o que aprenderam em casa, sobre relacionamento, vida a dois, organização do lar, cuidados com as crianças. E, muitas vezes, os pais destes novos adultos se sentem perdidos, sem saber até onde deve ir o seu papel na nova situação.

É bom ter os pais disponíveis, na hora da necessidade, mas eles precisam saber deixar espaço para o filho encontrar seu próprio jeito de lidar com a nova família. Quando há limites nessa relação, os pais se sentem mais livres tanto para ajudar, quanto para se ausentar e os filhos evoluem, ao **se decidirem** sozinhos. E, quando uma nova geração surgir, será criada numa relação familiar rica e saudável.

O que costumo dizer a eles é o seguinte: bons pais de filhos adultos precisam aprender a **estar disponíveis sem invadir e a respeitar sem abandonar.**

Um fio tênue separa um pólo do outro. E, para que se consiga um equilíbrio, muita coisa precisa ser aprendida por todos os envolvidos.

- A tarefa dos pais ficará mais fácil, se eles compreenderam que:

- tentar controlar tudo o que acontece com os filhos, nunca dá bons resultados, especialmente depois que eles crescem;
- limites e rejeição fazem parte de qualquer relação e não são sinais de desamor – mesmo quando vindos dos filhos;
- desenvolver ansiedade com relação à felicidade dos filhos não os ajuda a serem felizes (o que talvez possa ajudá-los é a busca dos pais pela própria felicidade).

Quando os pais têm uma vida conjugal satisfatória, interesses de casal e/ou pessoal, e a certeza de que fizeram um bom trabalho na educação e no crescimento emocional dos filhos, a situação se desenvolve com mais simplicidade.

Do mesmo modo, a relação torna-se mais tranquila, quando os dois elementos do jovem casal:

- têm facilidade e leveza, para lidar com o exercício de ser seu próprio continente, em lugar de ficar chamando os pais, sempre que necessita e rejeitando-os, quando não os quer por perto;
- compreendem que as invasões ou abandonos não são maldade dos pais, mas, talvez, inabilidade deles, para lidar com as mudanças;
- valorizam a sua intimidade e não competem pelos respectivos familiares;
- adotam regras explícitas e,
- tem projetos claros e comuns.

Pais que se mantêm disponíveis, sem invadir a vida dos filhos, contribuem para evolução deles e do mundo, pois, quando um jovem casal consegue fazer as coisas do seu jeito, está criando algo novo. Lembremos que, quando um casal se junta, cada parceiro traz toda uma bagagem de crenças, verdades, hábitos e rotinas, que fazem parte do legado da sua família. Se por dificuldades pessoais ou interferência das famílias, esses indivíduos iniciarem uma competição sobre qual a bagagem correta, podem perder a oportunidade, de fazer da sua relação o gérmen de algo novo e reparador. Por outro lado, se eles compreenderem, que estruturar um novo casal é uma oportunidade de quebrar preconceitos e criar novas formas de lidar com os vários ângulos, que a nova vida trará, poderão fazer diferença no mundo. Afinal, não há um só jeito certo, de lidar com a vida. De comum acordo, pode-se fazer experiências, para definir como funcionarão as rotinas, tarefas e orientações da nova família.

Nesse exercício de convivência, todos lucrarão.

Os pais, por se sentirem úteis e, ao mesmo tempo autônomos, estando disponíveis, quando necessário e respeitando os limites impostos pelos filhos. Estes, por continuarem com a certeza de ter com quem contar, e de que não precisam erguer um muro, quando querem privacidade. E a geração futura, que será criada, aprendendo a riqueza e o limite das relações familiares.

CASAL NA FASE DO "NINHO VAZIO"

Num paralelo com o que acontece aos pássaros, quando os filhotes voam do ninho, e não voltam, pois irão viver em outras paragens, a família também passa por esta situação.

A etapa da vida familiar, em que os filhos vão construir sua própria vida, põe em xeque a qualidade emocional dos pais e a qualidade da relação do casal. Essa "síndrome do ninho vazio" entretanto, pode ser usada como um novo enriquecimento da relação dos parceiros, e como uma fase de reestruturação das questões individuais.

A prevenção das possíveis dificuldades, nesse período da vida, inicia-se, quando os parceiros se casam. Se eles definirem, que os filhos serão o foco do casamento, devem se organizar, desde o início, para o momento em que não tiverem mais os filhos, precisando deles. Se, por outro lado, filhos forem mais um dos componentes das suas vidas, eles podem se estruturar de forma que suas vidas sejam enriquecidas, com muitos outros aspectos, e as crises da meia-idade e velhice possam ser minimizadas.

Para quem está iniciando a vida a dois, alguns cuidados devem ser tomados.

- Manter espaço individual e de casal, é um deles. O casal estará prevenindo as dificuldades futuras se, desde o início da união, os parceiros conseguirem manter atividades, interesses e relações individuais e pessoais.

Ao terem filhos, precisam preservar o espaço, físico e emocional, bem como atividades e interesses particulares do casal, sem a participação e interferência dos filhos. Se mantiverem esses espaços, ao chegarem à fase em que voltarão a estar sozinhos, já terão o hábito, os compromissos e os prazeres individuais e de casal.

- Manter a intimidade, a cumplicidade, a sexualidade, os projetos de casal é outro cuidado importante. O casal, que se esforça e propõe-se a manter e desenvolver a vida íntima de casal, não terá dificuldade em aquecê-la ou enriquecê-la, na fase tardia da relação. O exercício constante e persistente em manter a sexualidade como um foco de prazer, aprendizagens e cumplicidade, apesar dos altos e baixos da vida em comum, será recompensado nessa fase. O desenvolvimento e a execução de projetos comuns, materiais ou de outras áreas, mantêm o casal com um nível de ligação e de afeto, que torna a relação íntima e funcional.

Não existe mágica, para resolver as dificuldades, quando elas não foram atendidas de forma preventiva, mas não há dúvida de que a tarefa é **voltar a ser casal**.

O esforço de voltar a ser casal pode ser iniciado, retomando o que foi desejado e não pôde ser feito. Se o casal puder rever seus projetos, seus sonhos, seus desejos, aqueles que a vida e outras condições impediram de concretizar, poderão atualizá-los e avaliar, quais podem ser retomados, quais podem ser reformados.

Outra boa forma de trabalhar a relação é aprender o que não aprenderam, nos anos anteriores. No excesso de atividades e responsabilidades, não se dá atenção às aprendizagens, que podem ser feitas junto com o outro, ou que um pode realizar com as características e o funcionamento do outro. Na maioria das vezes, cada pessoa se prende na queixa do que é desagradável e não faz bom uso disso, para desenvolver conhecimentos e aprendizagens. A fase de "ninho vazio" possibilita retomar tais questões, junto com o desejo, o tempo e a disponibilidade, para aprimorar e aprender.

É importante também, retomar o espaço de intimidade, sob os mais variados ângulos: sexual, de partilha, de companhia. Nessa fase, o casal pode retomar ou desencadear uma intimidade de parceiros, que dará novo ânimo, nova perspectiva para suas vidas.

No aspecto individual, alguns movimentos podem ser realizados. Entre eles:

- retomar o projeto de vida, que tinha na adolescência;
- avaliar o que alcançou, o que deixou de ser importante e o que deixou de lado, mas ainda desejava;
- analisar o que gostaria, que mudasse na sua vida.

Como casal eles podem avaliar, de forma realista:

- o que aprenderam, cada um com seu parceiro,
- o que poderiam ter aprendido, e quais são as situações, que lhes impediram de aprender;
- analisar de que forma, ainda podem ter essas aprendizagens;
- avaliar o que poderia ter sido feito, para terem uma vida mais saudável e funcional e o que os impediu de fazer.

E no papel de pais, podem também realizar algumas reflexões:

- avaliando o que, na sua função de pais, poderia ter saído melhor;

- analisando o que pode atrapalhar as relações com os filhos, hoje;
- mudando e acrescentando itens, para criar uma relação com os filhos, de forma a ter aconchego afetivo, poder acompanhar o desenvolvimento das próximas gerações e enriquecer as relações, tendo trocas, envolvimento e respeito.

Enfrentar e tirar proveito desta fase do casal, possibilita resgatar a coragem, o entusiasmo e a esperança.

MUDANÇAS E CASAL

Um sem número de obras e apresentações tem se dedicado a apontar e pontuar as mudanças nas relações conjugais, nos últimos anos.

Tais mudanças ocorreram no seio do casal, nas famílias e na sociedade, em geral. Algumas delas afetam, diretamente, a relação do casal.

As tarefas e a forma de lidar com elas, não são mais as mesmas. Muitas das atividades diárias de um casal de 30 anos atrás, não existem mais hoje, como arear chapas de fogão, passar enceradeira ou escovão; outras, têm formas mais práticas e funcionais de serem realizadas: cozinhar, lavar roupas e louças, fazer compras.

A divisão de tarefas, também, mudou muito. Não é mais o conceito de tarefa de mulher ou tarefa de homem, que define quem faz o que, mas o tempo disponível, as potencialidades e as competências de cada um, bem como o contrato, que cada casal faz sobre as tarefas e sua divisão. Inúmeros exemplos desse assunto, já apareceram na minha prática clínica com casais: o marido que, inconformado com as roupas mal passadas, foi fazer um treino de passador numa lavanderia e ficou responsável por essa tarefa familiar; o casal que, em função dos horários, definiu que o marido cozinhava no almoço e a mulher no jantar; o casal que definiu: ele cozinhava de Segunda a Sexta, e ela Sábado e Domingo; o casal que combinou: quando o dinheiro estava sobrando ou mais frouxo, ele fazia as compras de supermercado, mas quando o dinheiro era pouco ou curto, ela é que ia às compras; além de outras aprendizagens e contratos que os casais fazem, dependendo da fase de vida familiar, dos desejos, e das habilidades.

Os valores sociais e individuais também mudaram muito. O que era certo, correto, bom, há décadas, hoje pode ser diferente, ou pode ser questionado e reavaliado, continuamente pelo casal. Em casais mais funcionais e flexíveis, é possível enxergar como as regras, e até os valores, podem se transformar e se adaptar às etapas de vida da família e dos filhos, da vida em comum e, inclusive, das aprendizagens e flexibilização, que podem fazer a partir das diferenças de regras, valores, fluxos, que a família de origem de cada um tinha ou ainda tem.

Ainda as questões relacionadas com dinheiro e trabalho sofreram alterações. Quem ganha, como ganha, o que faz com o dinheiro, entre outros itens; tudo é organizado, discutido e assume formas diferentes para cada casal, em particular. Eles podem abrir mão dos pré-conceitos ou das regras externas, e rever e negociar o que é mais funcional, mais interessante ou de maior aprendizagem, naquele momento de vida. E assim acontece, em cada nova fase que precise de avaliação e reformulação. Não existe mais o jeito certo ou pré-definido de lidar com tais questões; aquele que deve ser obedecido e seguido.

O poder que o dinheiro traz e dá, continua existindo, mas os casais passaram a dar valor e a obter poder, também em outros ângulos da relação, como crescimento e desenvolvimento, habilidades emocionais e relacionais. Um casal, em que ela tinha disponibilidade e energia inesgotável para trabalhar, e com isso ganhar mais dinheiro, e o parceiro precisava muito mais de horas de lazer e descanso, e com isso trabalhava menos e ganhava menos, conseguiu adaptar essa diferença, fazendo uma divisão, meio a meio, das despesas com a família. Com o que sobrasse do seu dinheiro, cada um fazia o que quisesse.

Existe, ainda, outro aspecto das mudanças na relação de casal: as pessoas estão com menos ilusão, a respeito da idealização da relação e dos parceiros. Essa desilusão leva os participantes a terem dados mais reais a respeito de como podem contribuir e do que esperam dos parceiros. O casamento, ou a relação de casal, passa a ser um espaço, que possibilita experiências, crescimento, aprendizagens, além de ser um espaço para amar e ser amado. Muitos casais que atendi, e que estavam se organizando para viverem juntos, usavam a consciência de suas carências afetivas e de seus desejos relacionais como indicadores do que poderiam contatar, negociar, barganhar, mas, sabendo que cada um deveria investir na sua própria felicidade e bem-estar, ao invés de esperar que o outro fosse o seu supridor.

As mudanças sociais e morais trouxeram outros tipos de união, além daquela tradicional, de casamento religioso e civil, entre um homem e uma mulher. As vivências do casal, com variáveis na sua ligação (divórcios, recasamentos, famílias reorganizadas de várias formas, relações funcionais e afetivas com ex-cônjuges) e experiências familiares diferentes (uniões homossexuais, diferenças de idade, cultura e crenças), trazem tipos de conjugalidades variadas e, às vezes, inusitadas. Isso possibilita novas experiências, novas aprendizagens e novos objetivos, nos relacionamentos. Uma conhecida minha, descasada de um homem, que estava já no seu quarto casamento (ela fora a segunda esposa), disse-me que, o segredo do bom relacionamento do seu filho com o pai e com os irmãos das outras relações era, sem dúvida, a dedicação e o esforço, que ela sempre tivera para ter relacionamentos racionais, afetivos e companheiros, com as outras três ex-mulheres de seu ex-marido.

Hoje em dia, muitos casais estão construindo um relacionamento, com características muito diferentes dos padrões tradicionais. Acompanhando esses casais, tenho visto que as relações são mais vivas e verdadeiras. Digo que eles são mais funcionais, o que significa que seus movimentos levam ao crescimento, à aprendizagem e são coerentes com as condições do seu contexto e da sua vida. Seguem algumas das características que vejo nesses casais.

- Preservam sua feminilidade/masculinidade e sabem criar momentos românticos e de encantamento, sem fazer disso o aspecto mais importante da relação.
- Gostam de viver uma luademel, mas têm plena consciência de que, na vida, tem hora para tudo.
- Combinam amor erótico com amizade, e essa combinação é um dos objetivos fundamentais da relação.
- Preocupam-se em dar coisas a si mesmos, sem depender tanto do parceiro, para ficar de bem com a vida.
- Eles se fortalecem, através das dificuldades do amor e da vida a dois, abrindo mão da magia, em troca do real.
- Aprendem com os erros que cometem.
- Sabem que as relações saudáveis sobrevivem, apenas com muita dedicação e que o amor exige esforço contínuo.

Quando comecei a trabalhar com terapia de casal, os casais buscavam terapia, só quando a situação já estava insuportável. Na maioria das vezes, a razão da terapia era a busca de um ringue para as suas rotineiras e graves brigas ou de um auxílio, para realizar a separação. O terapeuta era eleito o juiz, que iria dizer quem estava certo, ou o mágico, que conseguiria fazer com que um mudasse e aceitasse as demandas do outro. A razão dessa procura, tão centrada nos problemas, era coerente com a imagem que se tinha de um terapeuta: focada na doença, na cura; buscava-se corrigir algo ou alguém errado; precisava-se de alguém de fora da situação, que soubesse qual era o certo, o bom.

A imagem do terapeuta e a informação, que se tem sobre o seu trabalho mudaram bastante nos últimos anos. Hoje, os casais já aceitam a presença do terapeuta como um auxiliar, um terceiro diferenciado, que pode ser um instrumento de consciência e mudança, mas sabem também, que as mudanças ocorrerão se, e somente se, os elementos do casal tiverem **desejo e vontade** de mudar seus aspectos pessoais individuais e o padrão do casal.

Com essas mudanças na compreensão do foco da terapia e com as mudanças dos casais e da cultura em geral, os objetivos da busca de terapia também mudaram. Hoje, um número grande de casais procura ajuda, para melhorar a qualidade das suas relações. A terapia deixou de ser um ringue ou um confessionário e passou a ser um espaço de aprendizagens e aprimoramento.

Inúmeros casais têm buscado atendimento, antes de casarem, para aprenderem a lidar com as diferenças e dificuldades, antes que elas comecem a trazer problemas. Há o exemplo de um casal, que procurou terapia com dois meses de casamento, em função de manias e jeitos diferentes, que tinham em lidar com as quinquilharias do dia a dia; a demanda surgiu, assim que passaram a viver na mesma casa, e eles sabiam que, se não tomassem medidas preventivas, isso poderia atrapalhar o afeto e o bom entendimento que tinham.

Fazer essas mudanças em parceria é uma dádiva! Dá coragem, força e entusiasmo.

TEMPO E RELAÇÃO DE CASAL

Com os casais que tenho atendido, nestes mais de quarenta anos de prática clínica e de ensino, tenho comprovado a tese teórica de que o casal é a história, que seus membros contam. E, a forma como as questões do tempo são usadas, para cristalizar a imagem do outro e da relação, merece atenção e reflexão.

No relato sobre o outro e sobre a relação, as descrições ligadas ao tempo podem ser muito diferentes e criar histórias, completamente diferentes para cada um do par.

Há muitos anos, ao perguntar a um casal como haviam se conhecido, cada um contou uma história, completamente diferente. Desde o dia em que se conheceram, o homem usava o fato de que a mulher havia preferido dar a mão para outro rapaz, que estava junto, quando passavam por um terreno embarrado. Dizia isso, para "construir" a história de que ela o rejeitava, quando estavam em público, preferia rapazes morenos, desqualificava as suas capacidades, entre inúmeros outros detalhes, que minavam a relação deles. Ela, por sua vez, contava e recontava como ele era inibido, contido e lerdo, como ficava pensando no que poderia fazer e, depois, ficava enraivecido, porque o mundo andava mais rápido, ou os outros faziam antes. Os fatos concretos eram semelhantes, mas a leitura e a explicação que cada um repassou-me acrescentou alguma compreensão sobre as dificuldades, que vinham tendo há 27 anos, desde que se conheceram. A partir do momento, que conseguiram enxergar com outros olhos, os dois relatos, puderam flexibilizar as imagens e queixas cronificadas. Descongelaram o tempo, e deixaram de tornar presente a leitura daquele dia, a muito passado.

Outra questão comum é de que os parceiros, que estão em crise, mantêm a imagem do outro bloqueada ou congelada no passado; seja no passado que era bom, seja no passado em que o outro fez algo de errado. É muito comum, não enxergarem as mudanças e as novas nuanças do outro e da relação. Um homem, casado há 22 anos, reclamava da sua parceira, dizendo que ela era fisicamente agressiva. Quando perguntei como acontecia e qual era a frequência das agressões físicas, ele relatou um episódio, de quando eram recém-casados, em que ele fizera um comentário maldoso sobre uma amiga dela, e ela deu-lhe um apertão, querendo que ficasse calado. Ela estava com a mão por baixo da camisa dele e, quando o beliscou e ele se defendeu, cortou a pele dele com suas unhas. Para surpresa minha, e deles, esse era o único episódio real de agressão física; porém, os dois tinham um registro, de que ela era fisicamente agressiva.

Com relação às brigas, também enxergo uma diferença importante. Quanto mais funcionais os casais são, ou vão ficando, mais eles brigam por situações atuais e concretas. Quanto mais disfuncionais eles estão, mais eles usam motivos e situações do passado, para suas disputas e brigas. Os próprios casais percebem tal mudança nas brigas, ou veem, que as brigas atuais, podem acrescentar novos aspectos e qualidade na relação, enquanto que os temas antigos, repetitivos e anacrônicos não trazem crescimento ou mudança.

As diferenças na maneira de cada parceiro lidar, com o seu próprio tempo e com o tempo do outro, também são responsáveis por muitas das dificuldades nos relacionamentos de casais. Tais diferenças aparecem tanto no dia a dia, como nos registros e relatos.

- *No dia a dia,* podem ter relação com rapidez ou morosidade em executar as tarefas, ritmos diários diferentes, formas de cumprir horários e agendas, tempos e ritmos de fala, de movimentos e de decisões.
- *Nos registros e relatos,* aparecem as diferenças de memória, a intensidade ao relatar fatos, a fidelidade ou não, a datas e horários dos fatos, a importância e/ou lembrança das datas marcantes.

Muitas vezes, ouvi um casal se queixar de como ela era pontual e ele demorava nas tarefas rotineiras, deixando-a sempre pronta, esperando por ele. Todas as manhãs, isso se repetia: os filhos e a esposa no carro buzinando e esperando o marido; quando ele chegava, saiam correndo, brigando, para deixarem os filhos na escola e irem juntos para a mesma academia de ginástica. Só tiveram novas ideias para lidar com essa questão, quando os três filhos passaram a dar palpites. Depois de muitas brigas, por causa da demora dele para sair de manhã cedo, enquanto ela e os filhos esperavam enraivecidos no carro, começaram a definir novas formas de lidar: um horário de saída, e quem não estava no carro, não ia; cada um ia com seu próprio carro; um dia era um que levava, outro dia era o outro; entre outras possibilidades.

As diferenças são inevitáveis, mas o casal pode lidar, ou pode aprender a lidar com elas, de formas mais funcionais. Abrir mão de que o seu modo é o certo, é o primeiro passo, para aprender a flexibilizar, a cooperar e a se enriquecer, com formas diferentes de lidar com o tempo. Com certeza, isso será mais útil do que competir sobre qual é a forma correta, ou usar as diferenças, para desqualificar o jeito do outro.

COMPREENSÃO RELACIONAL SISTÊMICA DOS CASAIS

O pensamento relacional sistêmico compreende os casais dentro dos seguintes pressupostos:

- o espaço de casal é o local privilegiado, para se crescer e aprender, pois os parceiros enxergam com mais clareza, do que qualquer outra pessoa, os pontos que precisam de burilamento, os pontos que são disfuncionais, as vulnerabilidades e carências do outro;
- na relação de casal é onde aparece o melhor e o pior da pessoa. Se o indivíduo tiver humildade e disponibilidade, poderá usar as dicas, que o parceiro dá, para aprimorar-se, desenvolver suas potencialidades e conter ou transformar seus pontos críticos;
- as diferenças que aparecem, entre os membros do casal, podem ser usadas como informações, que são uma oportunidade de crescimento e enriquecimento.

O foco de trabalho da terapia relacional sistêmica é o padrão de funcionamento.

Padrão de funcionamento é a forma repetitiva, que um sistema estabelece, para agir e reagir às mais variadas situações. Na maioria das vezes, ele é inconsciente e automático.

Esse padrão se estrutura na entrada da criança no sistema familiar, a partir da forma como a família atua o seu padrão básico. O padrão de funcionamento aparece, em todos os aspectos da pessoa ou do sistema. Pode ser visto no Corpo, no Pensamento, no Sentimento e na Ação. E, especialmente, nas relações.

Quando duas pessoas se escolhem, para serem um casal, vão estruturar **sua** forma única de ser; aos poucos, vão estabelecer **seu** padrão de funcionamento de casal.

Tal padrão estrutura-se, a partir do padrão de funcionamento de cada um dos participantes e da relação, que se estabelece entre eles. É uma forma repetitiva que o casal usa, para responder e reagir às situações da vida e às situações relacionais. Engloba o que é dito e o que não é dito, a forma como se dizem e fazem as coisas, bem como todas as nuances dos comportamentos do casal.

O padrão de funcionamento do casal tem possibilidades de alteração, a partir da tomada de consciência e de um trabalho, para terem controle das compulsões relacionais. Ter consciência do seu padrão individual e do seu padrão como casal, ajuda a clarear dificuldades e problemas, que o casal pode ter. Enxergar o seu padrão de funcionamento possibilita enxergar os riscos e as dificuldades, que poderão ter e, assim, poder preveni-los.

O processo de desenvolvimento e evolução de um casal se desenvolve a partir de:

- tomar consciência do seu padrão de funcionamento;
- realizar as aprendizagens necessárias – tanto as que ficaram sem serem realizadas, no seu ciclo de desenvolvimento, como as que o momento e o contexto atual estão necessitando;
- realizar as mudanças que deseja ou necessita;

- ter clareza das suas compulsões relacionais e desenvolver meios de ter controle sobre elas;
- enxergar seus álibis pessoais e relacionais e decidir trocá-los por escolhas com responsabilidade.

Não importa em que velocidade, em que conteúdos, mas sim que estejam no caminho, construindo o **seu** caminho.

RELAÇÕES DE CASAL

A primeira vivência que uma pessoa tem, sobre o que é um casal, acontece, quando seus pais sabem que estão grávidos. As emoções, dúvidas, conversas, que circulam nesse momento, começam a impregnar o ser, que está sendo gestado, da noção do que é um casal, para que um casal fica junto, o que o mantém ligado, entre outros aspectos.

A forma como o casal de pais se relaciona, durante a gravidez e nos primeiros dias de vida do bebê, vai também estruturando a visão interna e inconsciente sobre casais, que o sujeito terá na sua vida como adulto e, depois, como parte de um casal.

Com base no padrão de relacionamento de casal que os pais têm, a pessoa é criada:

- sendo incluída ou não, na relação deles;
- de forma explícita ou com injunções subliminares; fazendo parcerias, coalizões ou rejeições;
- sendo o terceiro da relação ou sendo o foco;
- entre muitas outras variáveis relacionais triangulares.

Nessas relações básicas de triângulo, cada indivíduo vai poder, ou não, aprender a lidar de forma funcional com as possibilidades relacionais triangulares.

A partir das experiências com seus pais, e outros casais significativos, o indivíduo faz suas escolhas de parcerias e de casal. Não há mais dúvida de que a qualidade e a forma do padrão de interação dos pais são definidoras, nas escolhas de parceiros que os filhos farão; porém, os outros casais, próximos da criança e do adolescente, ampliam a visão que o indivíduo tem, também podendo exercer importante influência, na visão de casal, que ele vai estruturando.

Muitos casais não têm consciência dessas influências, nas suas relações amorosas e nas dificuldades que apresentam. Inúmeras pessoas, insatisfeitas e infelizes, mudam de parceiros, na busca de um pouco de paz e entendimento; e, frustrados, repetem os mesmos dissabores e desavenças.

Ter a possibilidade de receber esta informação, aceitar que pode ter modelos introjetados e inconscientes, que desencadeiam, automaticamente ações e reações no relacionamento de casal, e passar a olhar e refletir para suas demandas, suas dificuldades e seus anseios, abre possibilidades de mudar muitas questões.

Isso pode levar a uma vida de mais paz, mais amorosidade e cura das dores internas, e, consequentemente, deixar para os filhos e outros, que estão em volta, outras mensagens do que é ser casal, que certamente fará diferença no mundo.

FINALIZANDO

Estes são alguns aspectos da relação de casal.

Espero que seja útil para os casais, que se propõem a melhorar sua relação a cada dia, a cada dificuldade, a cada etapa.

Para os profissionais, psicoterapeutas e outros, que se dedicam a auxiliar o desenvolvimento dos casais, poderão aprofundar os temas, nos seus ângulos técnicos e clínicos, nas outras obras da autora.

OUTROS LIVROS DA AUTORA

Izabel Augusta - A família como caminho
Solange Maria Rosset
ISBN: 978-85-89484-1-21

O livro conta a história de uma família durante a fase de Terapia Familiar. Engloba os relatos das sessões e dos acontecimentos familiares entre os atendimentos, e cada capítulo é seguido de um processamento teórico e técnico focando as estratégias terapêuticas de cada sessão, bem como as técnicas usadas e as intervenções feitas. O leitor pode ler o livro como um romance de aventura ou como um texto técnico, que relata e reflete as questões básicas de um terapeuta. Enfocando o entrelaçamento dos processos individuais e do processo da família, ilustra os pressupostos da Terapia Relacional Sistêmica.

Pais e filhos uma relação delicada
Solange Maria Rosset
ISBN: 978-85-88009-3-94

A forma que escolhemos para conduzir a relação com nossos filhos ou com nossos pais, poderá decidir para sempre nosso padrão de funcionamento como seres humanos, e disso certamente dependerá também, nossa capacidade de interagir com o mundo. O livro aborda pontos nodais do relacionamento entre pais e filhos, focando aspectos que são importantes para fortalecimento desse vínculo, ao mesmo tempo que enfatiza a possibilidade que essa relação seja um instrumento de crescimento e desenvolvimento de consciência para todos os envolvidos. A tônica do livro é o desenvolvimento da responsabilidade como desencadeadora das mudanças e aprendizagens que são necessárias.

O casal nosso de cada dia
Solange Maria Rosset
ISBN: 978-85-88009-3-70

O livro apresenta pontos importantes para que as pessoas possam refletir e tomar consciência do seu padrão de funcionamento individual e como casal. Dessa forma, auxilia a clarear dificuldades, problemas e riscos que os cônjuges possam ter, possibilitando sua percepção e prevenção. O processo de ser um casal - duas pessoas que têm um relacionamento de intimidade, sexualidade e projetos comuns - é, com certeza, o mais complexo e cheio de nuanças que se pode vivenciar. A autora defende uma postura própria: com criatividade, esforço e coragem, é possível criar e recriar uma parceria saudável em todos os momentos da vida em comum.

Terapia relacional sistêmica
Solange Maria Rosset
ISBN: 978-85-88009-3-01

A consciência do próprio funcionamento é o primeiro e imprescindível passo para a mudança. Qualquer mudança pessoal ou relacional pressupõe que o sujeito esteja enxergando seu próprio funcionamento: o que faz, como faz, para que faz. Esse é o foco da Terapia Relacional Sistêmica, estruturada durante os últimos 23 anos, e é o fio condutor dos trabalhos clínicos (com famílias, indivíduos, casais e grupos), do trabalho de formação de terapeutas e do processo de todas as pessoas que, usando os pressupostos relacionais sistêmicos, aventuram-se no aprimoramento pessoal e relacional.

123 técnicas de psicoterapia relacional sistêmica
Solange Maria Rosset
ISBN: 978-85-88009-3-87

O livro apresenta o panorama do trabalho clínico da autora através das técnicas que criou e adaptou em mais de 28 anos como psicoterapeuta. Além de inserir as técnicas é apresentado um apanhado sobre a Terapia Relacional Sistêmica, suas propostas e posturas básicas. Contém também conceitos teóricos importantes para a escolha e uso de técnicas em psicoterapia. A escolha da técnica adequada é importante para atingir os objetivos terapêuticos desejados. Nessa escolha, é necessário levar em conta o padrão de funcionamento do cliente, a colocação adequada das consignas, o tempo e o espaço de que se dispõe e a vivência do terapeuta.

Mais técnicas de psicoterapia relacional sistêmica - Vol. 2
Solange Maria Rosset
ISBN: 978-85-88009-4-48

Este livro, "Mais técnicas de Psicoterapia Relacional sistêmica", publicado 10 anos após a edição de "123 técnicas de psicoterapia relacional sistêmica", confirma a importância do uso sistêmico das técnicas na psicoterapia. Todas as 93 técnicas apresentadas são técnicas coerentes à proposta terapêutica Relacional Sistêmica, cujo foco é o trabalho com os padrões de funcionamento. No entanto, todas elas podem ser usadas por outras linhas teóricas e também serem adaptadas para outros trabalhos que não sejam de psicoterapia.

Brigas na família e no casal
Solange Maria Rosset
ISBN: 978-85-88009-5-54

Aprendendo a brigar de forma elegante e construtiva. Briga é um assunto para se aprender, e é um processo contínuo. Cada dia, cada relacionamento, cada etapa traz novos aspectos a serem desenvolvidos. Brigar numa cultura que ainda funciona de forma cartesiana, tem uma conotação negativa. Numa compreensão sistêmica, cada situação pode ser vista no seu aspecto positivo e também no aspecto negativo. De forma elegante uma briga pode ser ética, criativa e leve. Instrumentar-se para ter brigas leais, é aprender a brigar elegantemente. Uma briga construtiva é o desenvolvimento de uma habilidade cooperativa, como uma dança. É uma proposta que, paradoxalmente, conduz a uma harmonia maior entre as pessoas.

Para contato e informações:
Solange Maria Rosset
Home Page: www.srosset.com.br
E-mail: srosset@terra.com.br
Instagram: vivaconsciente
YouTube: Solange Rosset
Fone/Fax: (41) 3335-5554
Curitiba – Paraná – Brasil

Este livro foi composto com tipografia Bembo e impresso
em papel OffSet 75g. na Gráfica Del Rey.